Wolfgang Mayer

Johannes Lehmann
Rulaman & seine Horden

Der junge Rulaman vor der Tulkahöhle

Johannes Lehmann

Rulaman & seine Horden

Reise ins steinzeitliche Südwestdeutschland

Dr. Johannes Lehmann, geboren 1929 in Madras (Indien) als Sohn eines Missionars, studierte in Halle, Berlin und Edinburgh Publizistik, Philosophie, Theologie und Psychologie. Er bereiste die ganze Welt und arbeitete als Journalist in Genf, bei der Deutschen Presse-Agentur in Hamburg und ab 1963 beim Süddeutschen Rundfunk in Stuttgart (»Bücherbar«). Daneben hat sich Lehmann als Autor erfolgreicher Sachbücher einen Namen gemacht.

1. Auflage 2007

© 2007 by
Silberburg-Verlag GmbH,
Schönbuchstraße 48,
D-72074 Tübingen.
Alle Rechte vorbehalten.
Umschlaggestaltung:
Christoph Wöhler, Tübingen,
unter Verwendung von Fotografien
von Rainer Fieselmann.
Druck: Offsetdruckerei
Karl Grammlich, Pliezhausen.
Printed in Germany.

ISBN 978-3-87407-759-0

Besuchen Sie uns im Internet
und entdecken Sie die Vielfalt
unseres Verlagsprogramms:
www.silberburg.de

Vorderes Vorsatzpapier:
Das Pfahlbaudorf Unteruhldingen in der Abendsonne

Inhalt

7	Das Thema	34	*Pediculus humanus* und die Mode

Mit Rulaman in die Steinzeit
- 8 Die schwäbische Kinderbibel
- 8 Als die Welt noch in Ordnung war
- 10 Charles Darwin und die Entstehung der Arten
- 13 Es lag in der Luft

Der Neandertaler und die drei Schübe aus Afrika — 14
- 17 Düssel, Neumann und Neander
- 18 Der lange Weg zurück
- 18 Von Ramapithecus …
- 19 … zur bunten Verwandtschar
- 21 Von »Lucy – der ersten Eva« …
- 22 … zum Kind von Taung
- 23 Gelehrtenstreit
- 25 Der Sprung nach vorn – Homo habilis
- 25 Der erste Mensch – Homo erectus
- 27 Homo sapiens und das Neandertal
- 29 Ahnengalerie

Leben in der Steinzeit — 30
- 30 Die Wanderung
- 32 Gedankenspiele
- 33 Überlebenschancen

Wo sie anfingen – die Höhlen — 35
- 37 Weinlands »Bericht«

Wovon sie lebten – Jäger und Sammler — 46
- 46 Dem Wild auf der Spur
- 49 Pfeil und Wurfspeer
- 51 Was sie jagten
- 53 Pflege, Krankheit, Tod

Was sie konnten – Entdeckungen und Erfindungen — 55
- 55 Feuer und Flamme
- 58 Felltöpfe und ein Ochse, der sich selber kocht
- 60 Pilze, Beeren und Früchte
- 62 Fellröcke und Pelzmäntel
- 63 Nadel und Faden
- 64 Ein steiniger Weg
- 67 Pechsträhne
- 68 Steinzeit selbst erleben
- 70 Mit dem Pfeil, dem Bogen
- 72 Das Rad wird erfunden

Wie sie träumten – Kunst, Magie, Religion — 74
- 74 Stiere an der Decke
- 77 Was Höhlen alles erzählen

78	Was sie darstellen: Tiere …	121	Loch im Kopf und frühes Alter
79	Steinzeitmaler	123	Rüstung und Schmuck
81	… Menschen …	123	Ton und Töpferei
86	Steinzeitplastik	125	Zwischen Stein und Metall
90	… und Zeichen		
90	Zauber und Magie	126	**An Ort und Stelle –**
92	Totemismus		**Plätze und Funde**
93	Vorsichtige Annäherung	126	**Hohenwittlingen –**
95	Unbestritten: Kunst und Können		**Wo Rulaman herkam**
		126	Weinlands Hofgut
97	**Die »Neolithische Revolution«**	128	Rulamans Höhle
97	**Ursachen und Folgen**	132	**Das Lonetal – Höhlenkunst**
98	Neolithikum	134	Die Vogelherdhöhle
		136	Hohlenstein und Bärenhöhle
100	**»Im Schweiße deines Angesichts« –**	140	Bocksteinhöhle und Bockstein-
	Ackerbau und Viehzucht		schmiede
101	**Mit Hacke und Pflug**	144	**Blaubeuren – Höhlenleben**
102	**Kornmühle und Backofen**	144	Die Große Grotte
104	**Ochs und Esel**	146	Die Brillenhöhle
105	**Ein neues Lebensmittel**	148	Die Sirgensteinhöhle
		150	Geißenklösterle
106	**Vom Nomaden zum Sesshaften –**	151	Der Hohle Fels
	Hütte, Haus und Pfahlbau	153	**Heubach – die Rosensteinhöhlen**
107	**Die ältesten Hütten**	156	**Unteruhldingen –**
	der Menschheit		**ein Leben auf Pfählen**
109	**Vom Kral zum Viereck**	159	**Federseemuseum Bad Buchau –**
110	**Vorbild Anatolien**		**Steinzeit zum Nacherleben**
111	**Steinbau und Blockhütte**	162	**Blaubeuren**
112	**Häuser auf Stelzen**	164	**Ulm**
114	**Warum Pfahlbaudörfer?**	167	**Stuttgart**
117	Pfahlbauten	169	**Tübingen**
		171	**Steinheim**
119	**Von der Steinzeit**		
	zu Bronze und Eisen		**Anhang**
119	**Bärenfell und Lederschuh**	174	Steinzeit in Zahlen
120	**Emmer, Schwein und**	175	Steinzeitliteratur
	Froschschenkel	177	Register
		179	Bildnachweis

Das Thema

Auch wenn sie längst ausgestorben und untergegangen sind, auch wenn sie uns keine Zeile hinterlassen haben und auch wenn selbst ihre Nachfahren bald nicht mehr wussten, dass es sie überhaupt gegeben hat – wir wissen heute, dass sie gelebt haben und dass sie hier gelebt haben. Wir haben ihre Werkzeuge, ihre Kunstwerke gefunden, zum Beispiel in Höhlen der Schwäbischen Alb. Wir können ihre Körpermaße aus gefundenen Knochen errechnen, wir können nach Schädelfragmenten sogar ungefähr ihr Aussehen rekonstruieren und ihre Intelligenz abschätzen. Wir können berichten, was sie erfunden haben, in einzelnen Fällen können wir sogar ziemlich genau sagen, wie viel tausend Jahre vor unserer Zeit das geschehen ist.

Wir nennen diese Zeit, in der die Menschheit immerhin die längste Zeit ihrer Entwicklung zugebracht hat, gern etwas abschätzig »Steinzeit« und sehen unsere Vorfahren noch als halbe Affen, die gerade von den Bäumen gestiegen sind.

Sicher, diese »Steinzeit- und Höhlenmenschen« standen noch ganz am Anfang von Kultur und Fortschritt. Aber genau genommen ist die Steinzeit nichts anderes als die Kinderstube der Menschheit. Nur dass wir heute die Entwicklung vom hilflosen animalischen Säugling zum kleinen und schon selbstbewussten Erdenbürger schneller absolvieren.

Sich die jüngste und letzte Phase dieser ältesten und längsten Epoche der Menschheit einmal näher anzusehen, hat dabei seinen eigenen Reiz. Wir können wie bei einem Kleinkind in der Rückschau zusehen, wie mühsam sich die Menschheit ihre Welt erobert hat. Es ist die Epoche, in der die Menschheit alles, buchstäblich auch das Rad, überhaupt erst einmal erfinden und gebrauchen lernen musste.

Johannes Lehmann

Mit Rulaman in die Steinzeit

Die schwäbische Kinderbibel

Wir haben Glück: Es gibt einen lebendigen Bericht über eine Steinzeitfamilie und ihr Leben in einer Höhle der Schwäbische Alb, ihre Kämpfe ums Überleben, ihre Bärenjagden, ihre Vergnügen und Erfahrungen. Freilich: Der Bericht ist erfunden – wie könnte es anders sein in einer Zeit, die zwanzig-dreißigtausend Jahre zurückliegt und leicht bis zum berühmten Neandertaler zurückreicht.

Erstaunlicherweise aber hält der Bericht fast allen Kontrollen moderner Archäologie stand. Es ist der »Rulaman«, die Geschichte eines etwa 15-jährigen Häuptlingssohnes, so etwas wie die »schwäbische Kinderbibel«, die 1878, also vor über 125 Jahren, erschien und noch heute zu haben ist. Eine Art Robinsonersatz für Abenteuerlustige, wie Theodor Heuss einmal meinte.

Dass der »Rulaman« von Anfang an ein solcher Erfolg war, lag an der Zeit. Denn damals, als der gestandene schwäbische Naturwissenschaftler und Zoologe David Friedrich Weinland den »Rulaman« schrieb, war nicht nur den schwäbischen Pietisten, sondern dem ganzen christlichen Abendland gerade eine Welt zusammengebrochen. Ein paar Jahre zuvor hatte man nämlich einen menschlichen Schädel gefunden, der offensichtlich älter war, als es die Bibel erlaubte.

Man brauchte ja nur im Alten Testament die Lebensdaten der endlosen Geschlechtsregister rückwärts von König David über Methusalem bis zu Erzvater Abraham und Adam zusammenzuzählen und landete zwangsläufig im ersten Kapitel der Bibel bei der Weltschöpfung. Die muss demnach etwa 4000 Jahre vor Christus gewesen sein und fand, so genau hat das einer ausgerechnet, an einem Dienstag morgen um neun Uhr statt.

Der Jüdische Kalender zählt die Jahre bis heute nach einem ähnlichen biblischen Datum der Weltschöpfung. Danach befanden wir uns im Jahr 2006/07 im Jahr 5767 seit Beginn der Welt.

Als die Welt noch in Ordnung war

Im Jahr 1812, als man daran ging, das Paläolithikum, also die Altsteinzeit, überhaupt erst zu erforschen, war denn die Welt auch noch in Ordnung. Damals erklärte der französische Geologe und Paläontologe Georges Baron de Cuvier – übrigens wie Friedrich Schiller, nur ein paar Jahre später, von 1784 bis 1788 in der Stuttgarter Hohen Karlsschule erzogen –, erklärte also Georges Baron de Cuvier in seinem Band »Recherches sur les ossement fossiles« wohlgemut, dass es für die Existenz eines fossilen Menschen keinerlei Nachweise gäbe.

Diese Aussage wurde freilich bald erschüttert, als sein Landsmann Jacques Boucher de Crèvecœur, er nannte sich später Boucher de Perthes, in den Kiesbetten der

In Wort und Bild erzählt Weinlands »Rulaman« das Leben in der Jungsteinzeit.

Somme just solche fossilen Knochenreste fand, dazu bearbeitete Steine, die man nach ihrem Aussehen »Katzenzungen« nannte und bei denen es sich um Faustkeile fossiler Menschen handelte.

Das Entscheidende: Boucher de Perthes war der Erste, der zur Altersbestimmung der Funde die stratigraphische Methode anwandte. Diese Methode beruht auf drei logischen Schlüssen. Erstens: Gesteine und Gesteinsschichten, die über anderen abgelagert sind, sind jeweils jünger. Zweitens: Finden sich in einer Schicht nebeneinander beispielsweise Mammut- und Menschenknochen, dann bedeutet das, das Mammut und Mensch zur gleichen Zeit gelebt haben müssen. Und drittens: Finden sich in bestimmten Schichten immer wieder die gleichen Ablagerungen, so genannte »Leitfossile«, dann gehören diese Schichten in einen zeitlichen Zusammenhang, auch wenn sie räumlich weit auseinanderliegen.

In unserem Fall hieß das: Da Boucher de Perthes in den Kiesgruben bei Abbeville im Sommetal in ungestörten Kiesschichten nicht nur Knochen ausgestorbener Elefanten und Nashörner, sondern auch die von den Kiesarbeitern »Katzenzungen« genannten Faustkeile fand, mussten Mammuts, Nashörner und fossile Menschen gleichzeitig und nebeneinander gelebt haben.

Als Boucher de Perthes diese Erkenntnisse im Jahr 1839 in der Pariser Akademie vortrug, passierte dann das, was in solchen

Fällen oft geschieht: Er wurde ausgelacht, weil ja nicht sein kann, was nicht sein darf.

Es vergingen zwanzig lange Jahre, bis der berühmte englische Geologe Charles Lyell die gleichen Kiesgruben untersuchte und zu den gleichen Ergebnissen wie Boucher de Perthes kam: »Die notwendige Schlussfolgerung aus allem ist die, dass die Steinwerkzeuge und ihre Verfertiger gleichzeitig mit den ausgestorbenen und in denselben Erdschichten begrabenen Säugetieren existiert haben mussten.«

Und nun, 1859, wurden die seit zwanzig Jahren bekannten Ergebnisse des Boucher de Perthes auf einmal von der Pariser Akademie und der Wissenschaftlichen Gesellschaft in London anerkannt. Solange hatte es gedauert, bis die gern als vorurteilsfrei gefeierte Wissenschaft die »Katzenzungen« als von Menschen gefertigte Werkzeuge zur Kenntnis nahm.

Nun hat diese Feststellung, so wichtig sie ist, die Welt natürlich weder verändert noch erschüttert. Ja, sie wurde in der Öffentlichkeit praktisch übersehen. Was bedeutet schon eine Einigung in einem Jahrzehnte langen Gelehrtengezänk von Geologen über die Bedeutung der Schichtenfolge in der erdgeschichtlichen Entwicklung.

Dass ich sie trotzdem erwähne, hat seinen Reiz darin, dass im gleichen Jahr 1859 ein Buch über ein ähnlich spannendes Thema erschien – nur mit dem Unterschied, dass die gesamte subskribierte Auflage dieses wissenschaftlichen Bandes noch am Erscheinungstag komplett ausverkauft war und in der Folge der Autor und seine Thesen auch in Laienkreisen derart Furore machte, dass er schließlich auf der britischen 10-Pfund-Note landete.

Es war der Engländer Charles Darwin, der Begründer der modernen Evolutionstheorie, der fast zwanzig Jahre lang gezögert hatte, die verblüffenden Ergebnisse einer fünfjährigen Seereise zu veröffentlichen, die ihn auch zu den Galapagos-Inseln geführt hatte.

Charles Darwin und die Entstehung der Arten

Dieser Charles Robert Darwin war gerade eben 22 Jahre alt, als er auf Empfehlung eines Biologen zu einer Weltreise auf dem englischen Forschungsschiff HMS Beagle eingeladen wurde, um sich mit geologischen und biologischen Beobachtungen nützlich zu machen. Was hier nach Fachmann, Koryphäe oder frühem Genie klingt, war dabei nichts weiter als der Versuch, einem jungen Mann nach zwei misslungenen Studien das angeschlagene Selbstbewusstsein zu retten.

Es hatte damit angefangen, dass Darwins Vater, ein begüterter Landarzt, ihn mit 16 Jahren von der Schule genommen hatte, weil die nichts mehr brächte. Stattdessen hatte er ihn zum Studium der Medizin ins schottische Edinburgh geschickt, ein Studium, das der junge Mann schlichtweg nicht ertrug. Bei Operationen, die damals noch ohne Betäubung durchgeführt wurden, konnte er nicht zusehen, beim Sezieren wurde ihm regelmäßig schlecht.

Nach zwei Jahren verordnete ihm sein Vater deshalb ein Theologiestudium in Cambridge, das er ohne Schaden, aber lustlos und ohne innere Berufung in drei Jahren absolvierte. Zum Glück hatte er in dieser Zeit ein neues Hobby gefunden, das ihn mehr befriedigte und ausfüllte. Er hatte

Auf den Galapagos-Inseln fand der Brite Charles Robert Darwin (1809–1882) die Grundlagen seiner Evolutionstheorie.

zwei Naturwissenschaftler kennengelernt, einen Geologen und einen Biologen, und sich unter deren Anleitung mit sichtlichem Vergnügen dem Sammeln von Steinen und Beobachten von Tieren gewidmet. Der Biologe, John Steven Henslow mit Namen, war es denn auch, der den studierten Theologen an das Forschungsschiff Beagle empfahl, das die Küstenlinie Südamerikas kartieren und vermessen sollte.

Am 27. Dezember 1831 stach dann die Beagle in See, ein mit Bronzekanonen bestückter Zweimastsegler und dermaßen vollgestopft mit 74 Mann Besatzung und Proviant, dass Darwin fünf Jahre lang seine Hängematte nachts beim Kapitän in der Kapitänskajüte aufspannen musste.

Im Februar 1832 landete die Beagle in Brasilien und Darwin sammelte an einem einzigen Tag 68 verschiedene Käferarten. Über das alles und was er im Lauf der Zeit in anderen Gegenden Südamerikas fand – zum Beispiel auch Fossilien längst ausgestorbener Arten –, führte er Buch, dokumentierte die Ergebnisse und präparierte seine Funde.

Entscheidend für ihn, und dann auch für die Wissenschaft, war aber ein kleines, damals nur von einigen Strafgefangenen bewohntes Insel-Archipel im Pazifischen Ozean, rund tausend Kilometer vor Ecuador, das zufällig 1535 von Spaniern entdeckt worden war und im 17. Jahrhundert Seeräubern als idealer Fluchtort und als Versteck diente. Die Inselgruppe besteht aus 14 größeren und 8 kleineren Inseln und an die 40 winzigen Eilanden, heißt offiziell »Archipiélago de Colón« (Kolumbus-Archipel), ist aber unter einem anderen Namen bekannt. Es sind die Galapagos-Inseln, benannt nach den dort vorkommenden Riesenschildkröten.

Hier hielt sich Darwin vom 17. September bis zum 20. Oktober 1835, also fast einen Monat auf, und wer heutzutage etwas auf sich hält, lässt jetzt den Begriff Darwinfinken einfließen. Auch wenn Darwin das selber erst später begriff: Diese dann nach ihm bekannten Galapagos-Finken waren das Schlüsselerlebnis, aus dem er seine Evolutionstheorie entwickelte. Beim Besuch der verschiedenen Inseln fiel ihm nämlich auf, dass jede Insel ihre eigenen Schildkröten- und Vogelarten hatte. So gab es auf fast jeder Insel eine andere Rasse der Riesenschildkröte *Testudo elephantopus*, die an den unterschiedlichen Rückenpanzern erkennbar waren. Von den Finken gab es sogar 13 verschiedene Arten auf 13 verschiedenen Inseln. Darwin entwickelte daraus die Theorie, dass diese Schildkröten- und Finkenarten alle von einer Art abstammten und dass sich die Unterschiede aus den unterschiedlichen Lebensbedingungen ergaben, an die sie sich im Lauf der Zeit angepasst hatten. Die einen Finken, die sich vor allem von Körnern ernährten, hatten starke, kegelförmige Schnäbel, während die Insektenfresser lange, spitze Schnäbel besaßen, um die Larven aus Rindenspalten und -löchern picken zu können. Je nach den ökologischen Gegebenheiten stellte er auf den einzelnen Inseln entsprechend typische Schnabelformen fest, die sich durch natürliche Anpassung an ihre Umgebung und Auslese herausgebildet hatten.

Und so hieß denn auch Darwins Epoche machendes Werk, das er nach langem Zögern 1859 veröffentlichte und damit die Evolutionstheorie begründete: »Die Entstehung der Arten«, oder im vollen englischen Titel: »On the origin of species by means of natural selection or the preservation of favoured races in the struggle for life.«

Vom Menschen war in diesem Buch nicht die Rede, auch wenn Darwin am Schluss andeutete, hier würden wohl die gleichen Gesetze der Anpassung und der natürlichen Auslese im Kampf ums Dasein gelten. Es vergingen noch einmal zwölf Jahre, bevor er 1871 »Die Abstammung des Menschen« mit eben diesen Schlussfolgerungen veröffentlichte und, jedenfalls in gewissen Kreisen, eine weltweite Empörung darüber auslöste, dass der Mensch vom Affen abstamme.

Das Fazit seines Forscherlebens noch einmal in knappen Thesen zusammengefasst:

— Die Welt ist eben nicht, wie die Bibel, seit der Schöpfung unveränderlich, sondern unterliegt einem kontinuierlichen Veränderungsprozess.
— Alle Organismen stammen durch einen kontinuierlichen Verzweigungsprozess von gemeinsamen Vorfahren ab.
— Die Entwicklung, sprich Evolution, erfolgt allmählich und nicht in Sprüngen.
— Das Prinzip ist dabei die natürliche Auslese: Die am besten angepassten Lebewesen zeugen die meisten Nachkommen,

wodurch die schlechter Angepassten verdrängt werden.

Es lag in der Luft

Warum erzähle ich das alles in solcher Ausführlichkeit, wo wir das längst als Schlagworte verwenden und schon Stichworte genügen würden? Schließlich ist diese Revolution an die 150 Jahre her, auch wenn – und das ist rührend an der Geschichte – erst im Jahr 2006 das letzte Lebewesen gestorben ist, das Charles Darwin sozusagen noch selbst »gekannt« hat. Es war die damals etwa fünfjährige Schildkröte Harriet, die Darwin selbst gefangen und im Jahr 1835 von den Galapagos-Inseln mit nach England gebracht hatte. Da ihr das englische Klima nicht bekam, hatte sie Darwin nach Australien geschickt, wo sie nun im Mai 2006 im Alter von 176 Jahren wohl versorgt in einem Zoo das Zeitliche segnete. An ihrem letzten Geburtstag hatte man sie noch mit einem Kuchen gefüttert, der wie eine Schildkröte aussah, und mit roten Hibiskusblättern, die sie besonders schätzte. Sie ruhe in Frieden.

Ich habe das erzählt, weil wir uns heute gar nicht mehr vorstellen können, gegen was für Widerstände die heute selbstverständliche Evolutionstheorie ankämpfen und ja selbst erst mühsam ihre Beweise und Begründungen finden musste. Was heute vernünftig klingt, sorgte einst für Aufruhr.

Darwin widerlegte mit seinen Thesen auch die bis dahin gängige »Katastrophentheorie«, mit der Georges Baron de Cuvier – wir haben ihn schon kennen gelernt – den Spagat zwischen offensichtlicher Weiterentwicklung und dem Glauben an die einmalige biblische Schöpfung überwinden wollte. Bei seinen Ausgrabungen im Pariser Becken hatte Cuvier natürlich bemerkt, dass die gleichen Fossile in unterschiedlichen Schichten auch unterschiedliche Entwicklungsstufen zeigten. Er führte das aber nicht auf eine kontinuierliche Entwicklung zurück, sondern auf eine jeweils neue Schöpfung. Mit anderen Worten: Cuvier kam zu dem Schluss, die ganze Schöpfung sei durch Naturkatastrophen wie die biblische Sintflut mehrfach vernichtet und auf einer höher entwickelten Stufe mehrfach neu geschaffen worden.

Mit der Überwindung dieser Katastrophentheorie war nun der Weg frei für eine naturwissenschaftliche Betrachtungsweise, die auf einmal viele Details erklären konnte, die bisher auf Gottes unerforschlichen Ratschluss beruhten.

Es ist eine Eigentümlichkeit der Geschichte, dass manchmal Dinge nahezu gleichzeitig geschehen, deren Zusammenhang vorher niemand bemerkt hatte, die sich dann gegenseitig erklären und ergänzen. Man sagt dann, »es hat in der Luft gelegen«.

In unserem Fall: Es hätte ja schon gereicht, was Darwin herausfand (es sicherte dem Vater von zehn Kindern später einen Ehrenplatz in der Westminster Abbey). Dass man fast gleichzeitig nur durch Zufall jahrtausendealte Reste eines Menschen fand, die überdies Darwins Thesen belegen konnten, ist eine dieser merkwürdigen Koinzidenzen. Die Rede ist von einem unserer frühen Verwandten, dessen Name genauso populär und bekannt wurde wie der Darwins und ohne den Weinlands »Rulaman« nie so berühmt geworden wäre: der Neandertaler.

Der Neandertaler und die drei Schübe aus Afrika

Es ist kurios, aber wahr: Die Geschichte des Neandertalers, und damit der modernen Paläontologie, beginnt 1838 mit der Heirat des Kaufmanns Friedrich Wilhelm Pieper aus Elberfeld und einer völlig nutzlosen Mitgift seiner jungen Frau. Dies war ein kaum erschlossenes zerklüftetes Gelände in der Nähe Düsseldorfs, dessen Felsen auf einer Länge von 800 Metern steil ins das schmale, enge Tal der Düssel hinabfielen und eine wildromantische Kulisse bildeten.

Hierher zogen oft und gern die Künstler der berühmten Düsseldorfer Malerschule zu Fuß, zu Pferd oder per Wagen und übten sich im Skizzieren und Malen. Nach dem Motto »Mach erst dein Sach, dann trink und lach« kam es an milden Sommerabenden bei Fackelschein oft zu einem »geselligen Künstlerleben«, bei dem man mit der Schubkarre ein Fässchen Wein und einigen Proviant zu einer der Höhlen hinauffuhr, die in den Felshängen sichtbar waren. Eine dieser Höhlen war dabei besonders beliebt, da sie besonders groß und luftig war. Mit 27 Metern Länge war sie die größte Höhle, allein ihr Portal hoch über der Düssel maß schon siebeneinhalb mal drei Meter. 1841 fand in dieser Höhle eines der letzten Künstlerfeste statt.

Von diesem idyllischen Tal ist heute längst nichts mehr übrig, schon ein Jahr nach der Künstlerfete war die Romantik verflogen. Der Unternehmer Wilhelm Beckershoff aus dem benachbarten Mettmann richtete dort 1842 eine Marmorschleiferei ein und gründete später mit Friedrich Wilhelm Pieper zusammen die »Actiengesellschaft für Marmorindustrie«. Die nutzlose Mitgift wurde zum lukrativen Steinbruch, das enge Tal zu einem ständig verbreiterten und lärmerfüllten Abbruchgelände.

Ende August 1856 bekamen die Arbeiter den Auftrag, eine der Höhlen über dem Tal für den Abbau vorzubereiten. Das hieß, den Schutt und den Schmutz, der sich da wohl schon seit Erschaffung der Welt angesammelt hatte, mit der Hacke aufzulockern und ins Tal zu schütten. Und so schaufelten sie unbesehen alles den steilen Abhang hinunter: Erde, Steine, Schutt und Knochen.

Es ist, man ahnt es natürlich längst, der dramatische Moment, in dem unerwartet und beinahe unbemerkt in völlig profaner Umgebung von den falschen Leuten einer der entscheidenden Funde der Menschheit gemacht wurde. Wäre nämlich nicht just in diesem Moment der Unternehmer Beckershoff unterhalb der Höhle vorbeigegangen und hätte er nicht ein paar dieser alten Knochen aufgehoben und später Johann Carl Fuhlrott, einem Lehrer in Elberfeld, gezeigt – wir wüssten nichts von einem Neandertaler. Die Geschichte ist sogar noch absonderlicher. Hätte Beckershoff die Knochen nicht für alte Tierknochen gehalten, er hätte sie wohl gar nicht erst aufgehoben sondern bestenfalls auf einem Friedhof verscharren lassen.

Fuhlrott schrieb denn auch später: »Es ist dabei nicht uninteressant, dass man –

Die »Neanderhöhle«, in der die Künstler einst feierten – ein zeitgenössisches Gemälde

bei der auffallend abnormen Beschaffenheit der Schädeldecke und in Rücksicht auf das bekannte Vorkommen thierischer Überreste in anderen Höhlen – nicht menschliche, sondern Höhlenbären-Knochen aufgefunden zu haben glaubte, und dass ich diesem Irrthum wahrscheinlich die Acquisition des Neanderthaler Fundes zu verdanken habe.«

So aber ist es das Verdienst des Lehrers Fuhlrott, diese alten Bärenknochen nach Rücksprache mit dem Bonner Anthropologen Hermann Schaafhausen als das erkannt zu haben, was sie tatsächlich waren: Er hielt den Schädel mit den starken Augenwulsten, der fliehenden Stirn und der flachen Schädeldecke (der so genannten Kalotte) für einen uralten Menschenschädel. Es war, so in Fuhlrotts eigenen Worten, »ein urtypisches Individuum unseres Geschlechts aus vorhistorischer Zeit«.

Das meldete denn auch die Presse einige Tage später, so unter anderen am 9. Sep-

Das ist alles, was vom Neandertaler übrig ist ...

tember 1856 die »Bonner Zeitung«. Die Notiz stammte von einem Korrespondenten aus Mettmann, einer Ortschaft zwischen Düsseldorf und Wuppertal. Sie war sozusagen die Geburtsanzeige des Neandertalers: »Im benachbarten Neanderthale«, hieß es da, »ist in den jüngsten Tagen ein überraschender Fund gemacht worden. Durch das Wegbrechen der Kalkfelsen, das freilich vom pittoresken Standpunkt nicht genug beklagt werden kann, gelangte man an eine Höhle, welche im Laufe der Jahrhunderte durch Thonschlamm gefüllt worden war. Bei dem Hinwegräumen dieses Thons fand man ein menschliches Gerippe. (...) Nach Untersuchungen dieses Gerippes, namentlich des Schädels, gehörte das menschliche Wesen zu dem Geschlechte der Flachköpfe, deren Nachkommen noch heute im amerikanischen Westen wohnen, von denen man in den letzten Jahren noch mehrere Schädel an der obern Donau bei Sigmaringen gefunden hat.« Und so fragte der Zeitungsmann weiter, ob dieser Fund zur Erörterung der Frage beitragen könnte, »ob diese Gerippe einem mitteleuropäischen Urvolke oder bloß einer (mit Attila?) streifenden Horde angehört haben«.

Das rettete Fuhlrott allerdings nicht. Bis zu seinem Tod im Jahr 1877 wurde er mit seiner Deutung nicht immer ganz ernst genommen, zumal der berühmte Mediziner Rudolf Virchow kraft seiner unangezweifelten Autorität einfach behauptete, die flache Stirn und die Augenwülste seien nichts weiter als die krankhaften Veränderungen eines neuzeitlichen Schädels. Grund genug, dass andere daraufhin den Neandertaler Schädel zur Schädelform russischer Soldaten erklärten, die 1814 dort durchgezogen seien, wenn die Schädelkalotte nicht überhaupt gleich von einem Idioten »keltischer Herkunft«, einem Einsiedler oder »Wilden Mann« stammte, wie man ihn aus den Märchen kannte.

Das also war die schmale und schwankende Basis, auf der die moderne Paläontologie aufbaute und als Beweise nichts weiter hatte als eine Schädelkalotte, ein Fragment des rechten Schulterblattes, das rechte Schlüsselbein, den rechten Oberarmknochen samt Elle und Speiche, den linken Oberarmknochen nur mit Elle, fünf Rippenfragmente, das linke Becken sowie beide Oberschenkelknochen. Das war der ganze Neandertaler.

Düssel, Neumann und Neander

Wobei wir mit dem Namen noch Glück haben. Noch im Jahr 1859 veröffentlichte Fuhlrott seinen Bericht unter dem Titel: »Menschliche Überreste aus einer Felsengrotte des Düsselthals. Ein Beitrag zur Frage über die Existenz fossiler Menschen.« So hieß das Tal nun einmal von Amts wegen und wäre es dabei geblieben, würden wir heute also vom »Düsseltaler« reden.

Sechs Jahre später, im Jahr 1865, meldete sich Fuhlrott allerdings mit einem Beitrag zu Wort unter dem Titel: »Der fossile Mensch aus dem Neanderthal und sein Verhältniß zum Alter des Menschengeschlechts.« Dazwischen war nichts weiter geschehen als dass man sich 1865 endlich entschlossen hatte, dem Tal auch amtlicherseits den Namen zu geben, den es schon längst hatte und den andere längst benutzten: Neanderthal.

Damit wollte man an einen Mann erinnern, der fast zweihundert Jahre zuvor gern in diesem romantischen Tal spazieren gegangen war. Gemeint ist der Düsseldorfer Schulrektor und Prediger Joachim Neander, der von 1650 bis 1680 lebte. Von diesem aus Bremen stammenden Theologen würde heute freilich kein Mensch mehr reden, hätte er nicht auch Lieder gedichtet, Dutzende von Kirchenliedern, die ihm zum großen Teil auf seinen Spaziergängen im romantischen Düsseltal eingefallen sein sollen. Viele von ihnen sind vergessen, eins aber wird auch heute noch gesungen: »Lobe den Herren, den mächtigen König der Ehren ...«, ein Choral, der auch nach über 300 Jahren nichts an Frische und Sprachkraft verloren hat.

Und wir haben hier noch einmal Glück. Wäre die Familie Neander damals nicht einem Drang der Zeit gefolgt und hätte ihren deutschen Namen Neumann nicht ins Griechische übersetzt, wir würden am Ende einen unserer ältesten Vorfahren nicht Neandertaler, sondern ausgerechnet Neumanntaler nennen müssen.

Der Neandertaler und die drei Schübe aus Afrika 17

Der lange Weg zurück

Inzwischen hat sich herausgestellt, dass wir zwar tatsächlich mit dem Neandertaler verwandt sind, aber nicht in direkter Linie. Ja noch mehr, dass nämlich diese Linie längst ausgestorben ist und dass eine ganze Reihe anderer Funde in verschiedenen Teilen der Welt eine andere Verwandtschaft nahelegt. Mithin: Der Neandertaler ist als ausgestorbener ferner Verwandter viel weiter von uns entfernt, als Herr Weinland in seinem »Rulaman« noch glauben mochte.

Wer aber sind nun unsere eigentlichen Vorfahren und nächsten Verwandten, und wie kann man das, wenn schon nicht im strengen Sinne beweisen, so doch nach allen Regeln der Kunst wahrscheinlich machen?

Es hilft nichts: Um einen vernünftigen Zusammenhang herzustellen und den Überblick zu behalten, aber auch, um die schnelle Verfallszeit wissenschaftlicher Erkenntnisse kennen zu lernen, müssen wir schnell mal mehr als zehn Millionen Jahre zurückgehen. Zu diesem Zeitpunkt drehte sich unsere Erde bereits mehr als viereinhalb Milliarden Jahre. (Wobei, wohlgemerkt, alle Jahreszahlen in prähistorischer Zeit immer nur Schätzungen sind und in der Literatur oft differieren.)

Von Ramapithecus ...

Es ist die Zeit, in der nach Einschätzung der Wissenschaftler die ältesten bekannten Primaten in Afrika und Indien lebten. Den bislang ältesten Fund machte man 1932 in Nordindien, weshalb die Gelehrten ihn nach der mythischen Götterfigur Rama »Ramapithecus« nannten, also einen Menschenaffen mit menschenähnlichen Zügen. Eine mutige Feststellung, wenn man erfährt, dass man von diesem Ramapithecus nichts weiter gefunden hatte als Teile eines Kieferknochens und einige Zähne. Das reichte zusammen mit ein paar ähnlichen Funden in anderen Teilen der Welt aus, dass die Gelehrten daraus einen kaum 120 Zentimeter großen Hominiden machen konnten, der offenbar nicht mehr nur auf Bäumen saß und sich von saftigen Früchten nährte, sondern der bereits von den Bäumen herabgestiegen war, nicht mehr nur auf allen Vieren herumlief und auf dem flache Boden Grassamen und harte Körner futterte.

Der Beweis? Sherlock Holmes hätte das nicht besser kombinieren können. Der Gedankengang: Der Ramapithecus hatte andere Zähne als seine Artgenossen. So waren die dolchförmigen Eckzähne im Vergleich zu den anderen Affen bei ihm deutlich verkleinert und kaum größer als die Schneidezähne. Hinzu kam, dass die Kronen der Backenzähne wie beim Menschen niedrige, abgerundete Höcker besaßen und eine widerstandsfähige Schicht von Zahnschmelz entwickelt hatten. Beides zusammen legte nahe, dass der Ramapithecus den Unterkiefer mahlend hin- und herbewegen konnte, ohne dass ihn die Eckzähne daran hinderten. Dass er also nicht mehr auf Weichfutter angewiesen war, sondern auch Wurzeln und harten Körner buchstäblich zermahlen und zerbeißen konnte.

Wenn er aber nicht mehr ausschließlich auf Bäumen lebte, sondern sich auf der flachen Erde bewegte, lag es nahe anzunehmen, dass er sich bereits aufrichtete, schon um einen besseren Überblick zu gewinnen. Und was die Körpergröße angeht: Die kann man ziemlich genau nach der Größe der einzelnen Körperteilen und ihren Proportionen zueinander bestimmen. So also auch nach der Größe des Kieferknochens, der eine bestimmte Größe des Kopfes nahelegt, die wiederum mit der Körpergröße korrespondiert.

Doch das alles nützte Ramapithecus nichts. Neue Funde brachten neue Erkenntnisse, und seit den 1980er-Jahren wird er wieder eher als Verwandter des Orang-Utans gehandelt und ist als Vorfahr der Hominiden schon wieder enttrohnt.

… zur bunten Verwandtenschar

An seine Stelle trat 1994 der »Ardipithecus ramidus« in Ostafrika, der nun eine zeitlang als ältester Hominidenfund galt, bis im Jahr 2000 in Kenia der als »Millennium-Mensch« gefeierte Vormensch entdeckt wurde, der vor rund sechs Millionen Jahren lebte und den wissenschaftlichen Namen »Orrorin tugenensis« erhielt. Doch auch hier kamen rasch Zweifel auf, ob dieser Orrorin überhaupt zu unserer Ahnenreihe gehörte. Jetzt war »Ardipithecus ramidus kadabba« dran, der vor fünfeinhalb Millionen Jahren gelebt haben soll und im Jahr 2001 in Äthiopien in der Afar-Senke ausgegraben wurde.

Ihm kam ein Jahr darauf der »Sahelanthropus tschadensis« in die Quere, der gleich auch noch alle gängigen Theorien zur Menschheitsgeschichte über den Haufen warf. Galt bisher als unerschütterliches Axiom, dass die Menschheitsgeschichte in Ostafrika begonnen hat, war hier ein sieben Millionen Jahre alter fossiler Hominiden-Rest im Tschad, also in Zentralafrika, entdeckt worden.

Man wird verstehen, dass ich unter diesen Umständen die möglichst lückenlose Suche nach unserem ältesten gemeinsamen

Gerade vom Baum gestiegen – wie man sich früher unsere Vorfahren vorstellte.

Vorfahren nicht fortsetze. Zu karg und aussageschwach sind manche Funde, zuviel ist immer noch Vermutung, zuviel Klischee, zu wenig wirklich erwiesen. Zu oft spielt sicher auch der Ehrgeiz der Wissenschaftler hinein, etwas Besonderes entdeckt zu haben; irgendetwas muss die Expedition ja rechtfertigen. Das könnte zum Beispiel der Fall gewesen sein beim »Homo ergaster«, der vor 1,8 bis 1,4 Millionen Jahren in Ostafrika und Georgien wohnte. Manche Wissenschaftler erkennen den in den Siebzigerjahren entdeckten Vorfahren gar nicht als eigene Spezies an, sonder schlagen ihn einfach dem »Homo erectus« zu.

Oft liegt es aber auch nicht am menschlichen Unvermögen oder am noch fehlenden Wissen, sondern an der Natur selbst, die es den Forschern schwer macht. Der französische Paläontologe Yves Coppens formuliert das so: »Schon in der Vorgeschichte tritt ein ganzes Dutzend prähistorischer Menschen auf, die unter der Vorgabe des sich herausbildenden aufrechten Ganges und der Vergrößerung des Gehirns eine Vielfalt an Varianten ausbilden; dazu gehören denn Verkleinerung des Gesichtsschädels, kleiner werdende Zähne und eine Verdickung des Zahnschmelzes. Auf der Basis eines Grundstocks an möglichen Merkmalen scheint die Natur Spaß daran gefunden zu haben, diese nach Lust und Laune immer neu miteinander zu kombinieren und sie neu zu verteilen, um dann zu schauen, was dabei herauskommt: bipeder [das heißt: aufrechter] Gang, Klettern und kleine Zähne mit einer dicken Schmelzschicht – der Orrorin; bipeder Gang, Klettern und große Zähne mit dünnem Schmelz – der Ardipithecus; ausschließlich bipeder Gang und große Zähne – der Australopithecus anamensis; bipeder Gang, Klettern und hervortretender Gesichtsschädel – der Australopithecus afarensis.«

Freilich: Ein überzeugender Fund, eine geschickte Präsentation, ein Slogan, der die Fantasie anregt – und schon wird auch der Laie wieder neugierig auf seine frühe Verwandtschaft, auch wenn sie über drei Millionen Jahre alt ist.

Ein Beispiel: Zunächst sind es Äußerlichkeiten wie die Tatsache, dass sich die Verwandtschaft nicht hinter einem wissenschaftlichen Namen versteckt wie etwa »Australopithecus afarensis«, sondern dass man das Skelett einfach wie seine Großtante als »Lucy« anredet, so wie man ja auch nicht »der Mann vom Hauslabjoch« sagt oder »die Gletschermumie«, sondern »Ötzi«. Und dann muss der Entdecker, der Amerikaner Donald C. Johanson, nur die Geschichte erzählen, wie Lucy zu ihrem Namen kam: Da hatte man im Jahr 1974 an einem glühend heißen Tag – es war der 30. November – im äthiopischen Hadar, rund 60 Kilometer von der äthiopischen Hauptstadt Addis Abeba entfernt, ein weibliches Skelett entdeckt und ausgegraben, da war man am Abend mit dem Landrover triumphierend und hupend ins Lager zurückgefahren. Dort hatten, wie schon den ganzen Tag, die Beatles aus dem Lautsprecher gedröhnt, unter anderem mit ihrem: »Lucy in the Sky with Diamonds.« Und schon hatte die rund drei Millionen Jahre alte, gerade eben 105 Zentimeter große und vermutlich um die 25 Jahre alte Dame ihren Namen weg.

(Dass sie von Amts wegen tatsächlich Australopithecus afarensis heißt, dringt schon gar nicht mehr ins Bewusstsein, und das ist auch gut so. Es war ein unglückseliger Einfall der alten Paläontologen, ihre Entdeckungen in Afrika im Unterschied zum »Sinanthropus Pekinensis«, dem Peking-Menschen im Norden des Globus, auf lateinisch »Südaffen« zu nennen. Wer weiß schon, dass »australis« schlicht und einfach »südlich« heißt und eben nicht bedeutet, dass Lucy aus Australien stammt.)

Von »Lucy – der ersten Eva« …

Was ist nun das Besondere an Lucy? Einmal: Lucy gehört zu den am besten erhaltenen Skeletten jener Zeit. Wir haben mit 52 Knochen rund 20 Prozent eines Skeletts, oder, nach anderer Rechnung, sogar 40 Prozent, wenn man all die fehlenden kleinen Hand- und Fußknöchelchen nicht mitrechnet. Zum anderen aber: Wie man an der Gestaltung des Beckens und seiner Verbindung zum Oberschenkel ablesen kann, war Lucy bereits gewohnt, aufrecht auf zwei Beinen zu gehen, auch wenn die Kniegelenke noch nicht so recht darauf eingestellt waren wie bei uns. Allerdings konnte sie auch noch nach alter Väter Sitte durch die Bäume hangeln.

Nimmt man diese »Bipedie«, also die Fähigkeit, nicht nur momentweise auf zwei Beinen aufrecht zu gehen, als Unterscheidungsmerkmal zwischen Affen und Menschen, dann ist Lucy eine der ersten »Menschen«. Ihr Entdecker Johanson nannte sie denn auch gleich etwas pathetisch die »Urmutter der Menschheit«, obwohl sie weiß Gott nicht das erste Exemplar dieser Gattung ist. In der versteinerten Vulkanasche

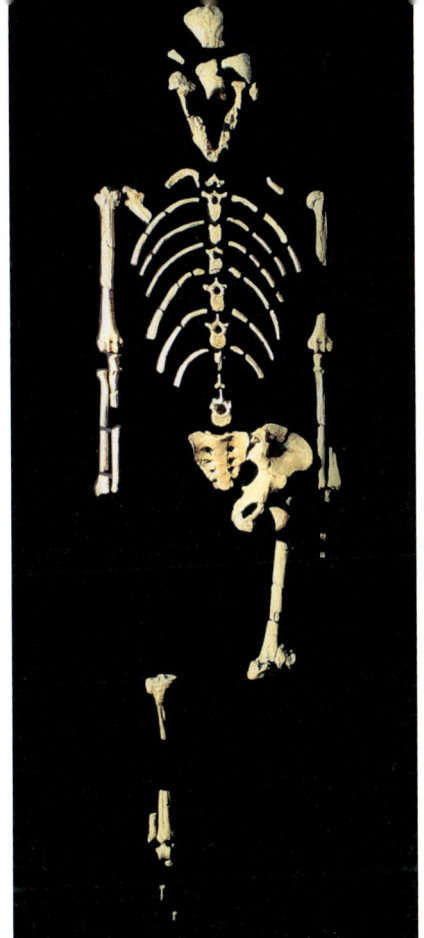

Lucy – mindestens 3 Millionen Jahre nach ihrer Zeit …

des Vulkans Sadiman in Tansania fand man zum Beispiel die Spuren zweier Australopitheci afarenses verewigt.

Da die beiden Affenmenschen ihre Fußabdrücke noch in der feuchten Asche hinterlassen haben müssen und da der Vulkan vor rund 3,6 Millionen Jahren ausgebrochen ist, kennen wir also auch einigermaßen genau das Datum dieses Spazierganges. Das kann gut und gerne tausend Jahre vor Lucys Erscheinen gewesen sein. Ja noch mehr: Wir wissen sogar, dass sich die beiden völlig aufrecht mit einer Geschwindigkeit von 0,6 bis 1,3 Meter pro Sekunde fortbewegt haben. Das hat William Sellars von der Universität im englischen Loughborough anhand von Modellsimulationen herausgefunden, indem er Lucys Maße mit den Spuren in der Asche in Beziehung setzte.

Noch nicht so ganz zum Menschenbild passt dagegen bei Lucy die »Prognathie«. So nennt der Fachmann das deutliche Vorspringen der Kiefer, populär gesagt: die typische Affenschnauze, zu der auch einige charakteristische Merkmale der Zahnbildung und der Zahnabstände gehören. Auch Lucys Gehirnvolumen mit seinen geschätzten 400 Kubikzentimetern entspricht noch nicht ganz den Ansprüchen des »Homo sapiens«, sodass einmal jemand feststellte, hier habe die Menschwerdung von unten nach oben, das heißt von den Füßen her stattgefunden.

… zum Kind von Taung

Da war das »Kind von Taung«, das unter dem wissenschaftlichen Namen »Australopithecus africanus« geführt wird, schon ein Stück weiter. Der bereits 1924 in der Kleinstadt Taung im südafrikanischen Protektorat Betschuanaland, heute Botswana, entdeckte fossile Schädel eines Kindes im Milchzahnalter ließ am Gebiss erkennen, dass der Australopithecus africanus ein Allesfresser war, während die Verbindungsstelle des Schädels mit dem Rückenmark (das so genannte Foramen magnum) im Gegensatz zum Vierbeiner an einer Stelle angebracht war, dass daraus auf einen dauerhaft aufrechten Gang geschlossen werden kann.

Der nahezu unbeschädigte Gesichtsschädel wurde als eher menschen- als affenähnlich beschrieben: »Die Wangenbeine, die Jochbögen, Oberkiefer und Unterkiefer lassen feine menschenähnliche Charakteristika erkennen« heißt es da. Und tatsächlich: Der Schädel sieht wesentlich »menschlicher« aus als der des Neandertalers, schon weil die Knochenwülste über den Augen fehlen und der Kinderschädel eine für unsere Begriffe normal hohe, gerundete Stirn hat, wo der Neandertaler eine fliehende, fast nicht vorhandene Stirn bietet. Auch das fast vollständig erhaltene Gebiss mit seinen Zahnformen weist menschliche Züge auf.

Die Paläoanthropologen wiederum sind höchst zufrieden, dass ein alter, inzwischen natürlich längst versteinerter Ausguss des Schädelinneren, also der Gehirnkapsel, verlässliche Auskunft über das Gehirnvolumen dieses zweieinhalb Millionen Jahre alten Urahnen gibt. Nachdem das Gehirnvolumen des Kindes mit 405 Kubikzentimetern angegeben wird, lässt sich genauer als je zuvor hochrechnen, dass der Erwachsene damals bei einer Körpergröße von ungefähr einem Meter und einem Gewicht von 35 Kilogramm etwa 440 Kubikzentimeter Hirn gehabt haben wird. (Das entspricht der Größenordnung eines modernen Schimpansen, während der moderne Mensch drei- bis viermal so viel Hirn hat.)

Auch beim absoluten Alter des Fundes sind wir hier nicht auf Vermutungen angewiesen. Aus den zugleich gefundenen Tierfossilien lässt sich das Alter des Kindes ziemlich präzise mit 2,4 Millionen Jahren angeben.

Das Kind von Taung gilt daher heute als besonderer Fund und als wichtiges Glied auf dem Weg vom Affen zum Menschen. Als sein Entdecker, der Australier Raymond Dart, Professor der Anatomie an der Witwatersrand-Universität in Johannesburg, den Fund am 7. Februar 1925 in der Fachzeitschrift »Nature« der wissenschaftlichen Welt vorstellte, stieß er freilich auf Hohn und Ablehnung, die bis zur offenen Feindseligkeit reichte und über mehr als zwei Jahrzehnte anhielt. Bis zu seiner Rehabilitierung im Jahr 1947 wurden Dart und sein »Kind von Taung« an den Universitäten und in der Fachliteratur ignoriert, weil, um es mit Christian Morgenstern zu sagen, »nicht sein kann, was nicht sein darf«.

Gelehrtenstreit

Ein Fachgelehrter namens Arthur Keith erklärte, der gefundene Schädel sei bei den Gorillas und Schimpansen einzuordnen, da es schlicht unmöglich sei, dass sich das Gehirnvolumen in zweieinhalb Millionen Jahren auf heutiges Menschenmaß so stark vergrößern könne. Der zweite, Elliot Smith, wies die Analyse seines früheren Assistenten Dart sogar kurzerhand als unüberlegten Unfug zurück, da er offenbar keine Kenntnisse der Anatomie von jungen Schimpansen und Gorillas habe. Und der dritte, der führende britische Paläontologe Arthur Smith Woodward, lehnte Darts Resultat ab, weil es voreilig sei, »ein Urteil darüber zu fällen, ob die direkten Vorfahren des Menschen in Asien oder in Afrika zu suchen sind«.

Obwohl Darwin bereits 1871 darauf hingewiesen hatte, dass die Menschwerdung wahrscheinlich in Afrika stattgefunden habe, war man in den 1920er-Jahren allerdings eher der Überzeugung, der Mensch sei in Asien entstanden — der Fund des Java-Menschen 1891 und des Peking-Menschen 1927 schienen das nahezulegen.

Woodwards Urteil wog schwer, denn er musste es ja wissen. Er hatte 1912 dem Piltdown-Menschen bescheinigt, ein Bindeglied zwischen Menschen und Affe zu sein, und war dafür sogar geadelt worden. Dieses Fossil war in der Grafschaft Sussex in einer Kiesgrube bei Piltdown gefunden worden, bestand aus Fragmenten eines Schädels und Teilen des Unterkiefers und war nach seinem Entdecker Charles Dawson feierlich »Eoanthropus dawsoni« getauft worden.

Fast bis auf den Tag genau 22 Jahre später wurde Dart und sein Kind von Taung am 15. Februar 1947 in »Nature« rehabilitiert. Wilfrid Le Gros Clark, ein hoch angesehener englischer Anatom, hatte den so lange geächteten Australopithecus nun doch als Vormenschen und nicht als reinen Affen eingestuft. Im gleichen »Nature«-Heft gab der inzwischen betagte Sir Arthur Keith zu, seine frühere Einordnung des Kindes von Taung als afrikanischer Menschenaffe sei ein Irrtum gewesen. »Ich bin jetzt überzeugt«, schrieb er, »dass Professor Dart recht hatte und ich unrecht.«

Es klingt nun wie erfunden und wie ein kitschiger Ausgleich himmlischer Gerechtigkeit. In dem Maße, wie Darts Stern stieg und er auf der ganzen Linie rehabilitiert war, in dem Maße sank Arthur Smith Woodwards Stern, als sich im Jahr 1953 der von ihm für echt erklärte Piltdown-Mensch als Fälschung herausstellte. Der Piltdown-Schädel stammte von einem erst vor einigen hundert Jahren gestorbenen Menschen, das eigens dafür zurechtgefeilte Gebiss von einem Affen. Die spätere Überprüfung mit der Radiokarbonmethode ruinierte diesen »Eoanthropus dawsoni« vollends und ebenso den Glauben der Wissenschaftler, die Vorfahren des Menschen hätten eher wie Menschen und weniger wie Affen ausgesehen. Es war eine Genugtuung auf der ganzen Linie: Als Dart 1988 im Alter von 95 Jahren starb, galt allgemein Ostafrika als Ursprungsheimat des Menschen und nicht Asien.

Aber wer nun glaubt, dass das Kind von Taung, also der Australopithecus africanus, zu unseren Vorfahren in direkter Linie gehören würde, der wird enttäuscht. Fiorenzo Facchini, der international anerkannte italienische Paläontologe, druckte in seinem 2006 erschienenen Band über »Die Ursprünge der Menschheit« redlicherweise die von fünf Fachleuten in den letzten 30 Jahren erstellten Stammbäume der Menschheit ab. Das Ergebnis: Es sind fünf vollkommen verschiedene Stammbäume, obwohl sie alle aus den gleichen Funden zusammengestellt sind. Jeder der Fachgelehrten zeigt andere Verzweigungen, Sackgassen und Kombinationen der bis zu neun in Frage kommenden Urahnen.

Einigkeit herrscht nur bei den drei letzten großen Entwicklungsstufen, dem »Homo habilis«, dem Homo erectus und dem Homo sapiens. Sie sind bei allen fünf Stammbäumen in dieser Reihung und in direkter Linie aufgeführt. Entscheidend ist dabei die Tatsache, dass sie, im Gegensatz zu ihren Vorgängern, als anatomisch moderne Menschen anzusehen sind. Ihr Gehirnvolumen wird dem unseren Stufe für Stufe immer ähnlicher, sie stellen Werkzeuge her und benutzen sie, sie besitzen und entwickeln eine eigene Sprache.

Alles andere ist, auch unter Gelehrten und auch heute noch, eher eine Glaubensfrage. Es

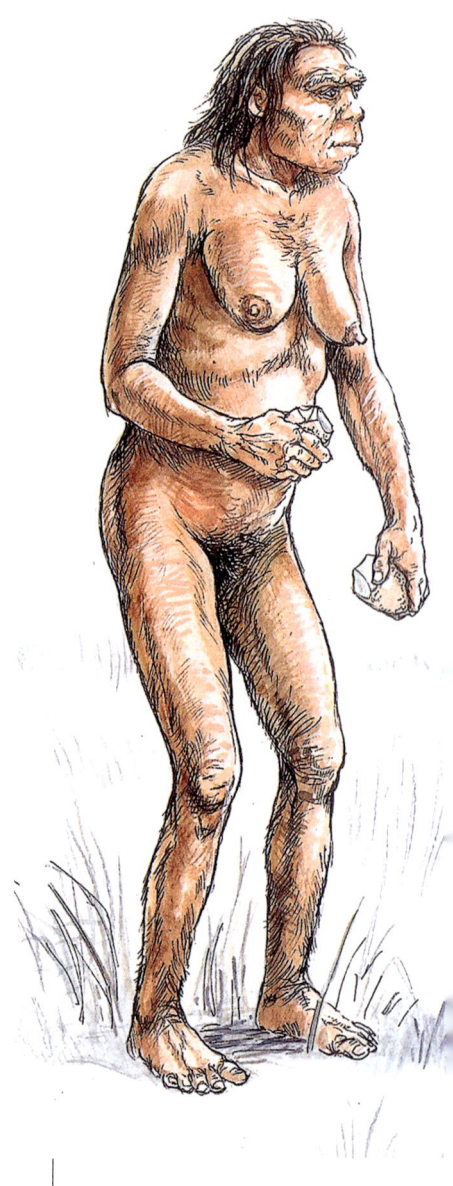

Alle derartigen Bilder des Urmenschen sind mehr oder weniger zeitbedingte und rührende, meist aber hilflose Versuche, Fantasie und Wirklichkeit zu vereinen.

kommt ganz darauf an, wer, wann, wo und mit welchem Erfahrungshintergrund eine Deutung der vorliegenden Fossilien versucht. Die Rekonstruktion der Menschheitsgeschichte bleibt auch unter Fachleuten eher Puzzle und Denkspiel als beweisbare Erkenntnis. Über Wert und Bedeutung des »Pithecanthropus erectus« beispielsweise präsentierten die Gelehrten 1928 fünfzehn zum Teil vollkommen gegensätzliche Deutungen.

Der Sprung nach vorn – Homo habilis

Sehen wir uns also die Vorfahren an, die dem Neandertaler vorausgehen. Und fangen wir an in Tansania, wo der 20-jährige Jonathan Leakey, der Nachkomme einer englischen Missionarsfamilie, im Jahr 1960 in der Olduvai-Schlucht eine Schädeldecke fand, die auf ein Hirnvolumen von 674 Kubikzentimetern schließen ließ. Das hätte noch nicht ausgereicht, wenn man nicht drei Jahre später an der gleichen Stelle, aber in einer tieferen, zwei Millionen Jahre alten Schicht nicht noch einen vermutlich weiblichen Schädel entdeckt hätte. Dieser hatte eine hochgewölbte Schädeldecke, die ein Hirnvolumen von 660 Kubikzentimetern fasste. Auch das wäre noch keine Sensation gewesen. Die Tatsache aber, dass in der gleichen Schicht bearbeitete Kieselsteine gefunden wurden, das heißt also Faustkeile mit scharf geschlagenen Kanten, reichte aus, die Funde nun einem echten Menschen und keinen affenartigen Hominiden zuzuschreiben: Der Homo habilis, der »geschickte Mensch«, wurde aus der Taufe gehoben.

Weitere Funde in Tansania kamen hinzu, die alle den entscheidenden Schritt zur Menschwerdung bestätigten. Das Hirnvolumen nahm zu, man kam auf 770 Kubikzentimeter, die Stirn wurde höher, die Knochenwülste über den Augen fielen nicht mehr so auf, die »Affenschnauze« ging zurück, die Zähne waren kleiner als beim Australopithecus und deuteten auf einen Allesfresser hin. Gipsabgüsse des Schädelinneren ließen an den charakteristischen, von den entsprechenden Hirnzentren geprägten Knochenformen erkennen, dass die Sprachzentren für artikulierte Sprache vorhanden waren.

Homo habilis lebte, wie seine Zähne zeigen, offensichtlich nicht mehr nur von Früchten und Gräsern. Das heißt, er ging schon jagen. Das konnte man durch Knochenfunde nachweisen, die man in größeren Mengen an verschiedenen Plätzen fand. Dort wohnte Familie Habilis wohl schon in kleinen Hütten aus Ästen und Gräsern.

Das alles klingt schon recht gut. Aber wir sind noch immer nicht beim Neandertaler und schon gar nicht in der Gegenwart. Es fehlen noch die drei Schübe aus Afrika, die wir uns jetzt ansehen wollen.

Der erste Mensch – Homo erectus

Einen ganzen Schritt weiter als der »geschickte Mensch« war dann schon der wirklich »aufrechte Mensch«, der von 1,6 Millionen bis 150 000 Jahren vor unserer Zeit lebte. Er fertigte sich seine Steinwerkzeuge an, er konnte mit Feuer umgehen, er konnte sich schon mit Worten verständigen, er baute sich Behausungen. Er war dem modernen Menschen schon in vielem ähnlicher als alle anderen Vorformen. Aber er war eben noch nicht ganz der Homo sapiens. Wegen

So stellt man sich die asiatische Variante des Urmenschen vor – auf der Seite gegenüber die europäische: Sympathien spielen offenbar eine Rolle.

seiner deutlichen Ähnlichkeit gilt er aber als *der* Urahn des Menschen.

Insgesamt kräftiger gebaut, wurde er schon bis zu 1,80 Meter groß und besaß ein Gehirnvolumen von über 800 bis 1250 Kubikzentimetern. Er hatte zwar noch die deutlich sichtbaren Knochenwülste über den Augen und die ausgeprägte Mundpartie, aber insgesamt wirkte sein Schädel »moderner«, weil die Nase nicht mehr so platt war, sondern sich aus dem Gesicht hervorhob.

Das Entscheidende aber: Er war der erste unserer heute lebenden Art, der vor mehr als anderthalb Millionen Jahren seine afrikanische Heimat verließ. Seine Spuren findet man in Südeuropa, im Kaukasus, in China und auf Java in Indonesien – und natürlich in Europa. Der »Homo heidelbergensis«, dessen Unterkiefer man 1907 in einer Kiesgrube bei Mauer in der Nähe von Heidelberg gefunden hatte, gehört dazu und gilt mit seinen 500 000 bis 600 000 Jahren denn auch als ersten Europäer. Aber unser direkter Vorfahr war er nicht.

Eines Tages verschwand der Homo erectus spurlos und es wäre wohl mit der Menschheit ziemlich früh Schluss gewesen, wenn sich nicht in Afrika eine sozusagen verbesserte Ausgabe des Homo erectus entwickelt hätte.

Homo sapiens und das Neandertal

Dieser neue Menschentyp zog wie der Homo erectus ebenfalls nordwärts und besiedelte vor rund 200 000 Jahren weite Bereiche Europas, des Vorderen Orients und des westlichen Asien. Diese Leute waren noch etwas größer als die Vorgänger, hatten noch mehr Hirn und konnten sich wohl schon mit einer Sprache verständigen und nicht nur durch Laute. Kein Wunder: Es war ja der Homo sapiens, der »verständige«, der »einsichtsvolle Mensch«.

Dass wir diesen Afrikaner des zweiten Schubes auch unter einem deutschen Namen kennen, ist reiner Zufall – einfach weil Knochen dieses Typs zum ersten Mal in Deutschland gefunden wurden. Nämlich im völlig harmlosen und unbedeutenden Neandertal bei Düsseldorf (das haben wir weiter oben ja schon kennen gelernt), das auf diese Weise zum Synonym für eine ganze Spezies des Homo sapiens wurde. Man kann den Neandertaler seit etwa 130 000 vor Christus nachweisen, rund hunderttausend Jahre später verschwindet er wieder von der Bildfläche.

Auch wenn wir redensartlich immer so tun, als ob wir vom Neandertaler abstam-

men, so sind wir zwar seine Erben, aber nicht seine Nachkommen. Herr Neandertaler war nicht unser direkter Vorfahr. Aber wie gesagt: Auch er verschwand eines Tages, wurde verdrängt oder ging unter, keiner kann es genau sagen.

An seine Stelle trat, und das ist der dritte Schub, einer seiner späteren afrikanischen Verwandten, dessen Aussehen und dessen geistige Fähigkeiten schon eher unserer Art entsprachen und den die Wissenschaft denn auch stolz doppeltgemoppelt »Homo sapiens sapiens« nannte.

Dieser erste im eigentlichen Sinn moderne Mensch tauchte, im Vergleich zur gesamten Menschheitsgeschichte gesehen, sozusagen überhaupt erst gestern auf: nämlich vor rund 40 000 Jahren. Doch bis er Europa besiedelt hatte, vergingen noch einmal gut 5000 Jahre, wie Paul Melars von der Universität Cambridge in einer neueren Untersuchung vermutet. Danach betrug die Wandergeschwindigkeit, wenn man Siedlungs- und Wanderzeiten dieser Nomadenstämme gegeneinander aufrechnet, pro Jahr immerhin 400 Meter.

Fast heroisch: »Homo sapiens sapiens« als entschlossen in die Zukunft Blickender

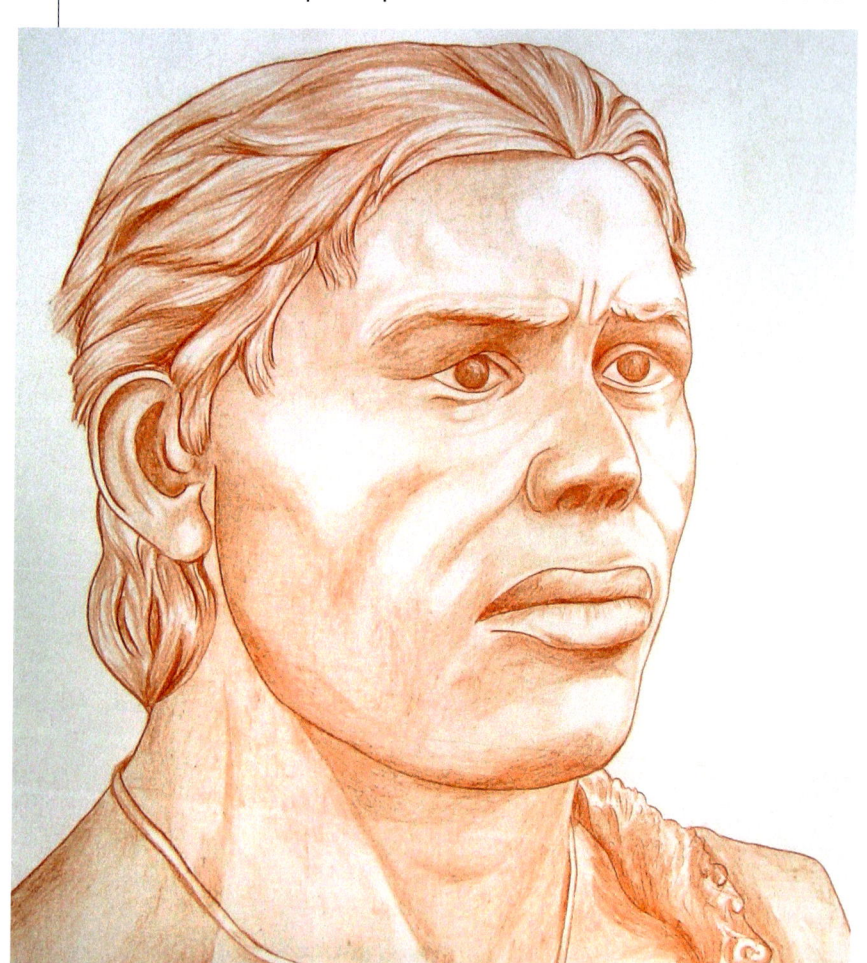

Ahnengalerie

Es gibt jetzt eine Schwierigkeit. Bei den meisten historischen Epochen kann man sich ein Bild der handelnden Personen machen oder sich zumindest den Typ vorstellen. Auch wenn es idealisierte Vorstellungen sind: Wir haben eine Vorstellung, wie die Griechen des klassischen Altertums ausgesehen haben. Wir kennen die alten Perser, Ägypter und Römer von Plastiken und Gemälden. Selbst die Kelten, die keine eigene Schrift hatten, kennen wir von ihren Darstellungen auf Geräten und Waffen.

Bei prähistorischen Epochen, und erst recht dann, wenn die Geschichte des Menschen überhaupt erst beginnt, fehlt uns diese Stütze. Auch wenn man aus Fragmenten eines Schädels die gesamte Form rekonstruieren kann, wenn man also weiß, ob man sich fliehende Stirn und Augenbrauenwülste vorstellen muss oder einen »modernen« Gesichtsschädel, ob betonte Mundpartie und fliehendes Kinn oder ein eher gerades Profil – eine solche Nachbildung kann einen Eindruck vermitteln, wie der Schädel aussah. Was fehlt, ist der authentische Ausdruck des Gesichts.

Ein kurzer Gang durch die nachträglich erahnte Ahnengalerie macht das deutlich. Je älter beispielsweise die Darstellungen des Neandertalers sind, desto eher sehen sie einem Affen ähnlich. Das fängt bei Darwin an, den die Karikaturisten als seinen eigenen Vorfahren zeigen. Da ist der Neandertaler noch leicht der Urmensch, der vorgebeugt und mit langen, schaukelnden Armen daherkommt, der wilde Mann, dem man selbst im Hellen nicht gern begegnet.

Je neuer die Bilder unserer Vorfahren in der Ahnengalerie sind, desto mehr verliert

Das hat er davon: Darwin als sein eigner Vorfahr

sich das Wilde und Affenhafte. Selbst wenn die Schädelform noch an Affen erinnert, der Ausdruck hat sich geändert. Aus dem Ballermann wird der Mann mit dem fragenden Blick, aus dem Preisringer der freundliche Mann von nebenan, aus dem Rabauken der nachdenkliche Philosoph. Im Neanderthal-Museum in Mettmann sucht man heute den alten Neandertaler vergebens – er sieht inzwischen aus wie Du und ich.

Und jetzt? Sämtliche Bilder sind Projektionen, keines spiegelt mit Sicherheit die Wirklichkeit wider. Aber welche kämen ihr am nächsten? Dabei geht es ja nicht nur um äußerliche Ähnlichkeiten, sondern um Charaktere. Waren unsere Vorfahren von Natur aus wilder als wir heute und hat die Entwicklung zum Homo sapiens sapiens nicht nur mit der Gehirngröße zu tun?

Leben in der Steinzeit

Die Wanderung

Es sagt sich leicht, dass der Homo sapiens zwischen 300 000 und 200 000 vor unserer Zeit aus Afrika nach Norden zog und begann, Europa zu besiedeln. Als ob damit auch nur irgendwie erklärt wäre, warum er es tat. Die Schwierigkeit ist bekanntlich die, dass wir es nicht wissen, sondern nur vermuten und plausibel machen können.

Als naheliegender Grund für derartige Wanderungen nimmt man zum Beispiel gern die notwendige Gewinnung von neuem Lebensraum an. Der Bevölkerungsdruck durch eine schnell wachsende Gemeinschaft bewirkt eine sich verschlechternde Ernährungslage und so weiter und so fort. Aber auch eine Naturkatastrophe oder einfach auch Abenteuerlust und Neugier – das alles können für sich und zusammen genommen Gründe für eine solche Veränderung sein.

In unserem Falle könnte es beispielsweise daran gelegen haben, dass eine Klimaveränderung in Afrika die Ernährungsweise einschneidend beeinflusst hat. Schon bei der Umstellung vom Vierbeiner zum aufrechten Gang ist es ja gängige Annahme, dass das Schrumpfen der Urwälder und der damit verbundene Rückgang an Baumfrüchten die Vierbeiner gezwungen habe, vom Baum zu steigen, um auf dem Boden Nahrung zu suchen.

Die natürliche Auslese habe dann bewirkt, dass diejenigen besser überlebten, die sich auf Dauer aufrichten konnten. Sie konnten sich fortbewegen und gleichzeitig mit den vorderen Extremitäten Gegenstände transportieren. Sie hatten aufgerichtet überdies auch den besseren Überblick in der Ebene und konnten so eher auf Feinde reagieren als die Vierbeiner.

In Zeiträumen, die uns Heutigen endlos vorkommen, hätten unter diesen Umständen dann diejenigen Zweibeiner überlebt und sich allmählich zum Menschen fortentwickelt, deren Gebiss sich auf die veränderte Ernährungsweise durch Körner, Gräser und Wurzeln umstellte. Deren Extremitäten sich funktionsgerecht umgestalteten: die hinteren zu Lauffüßen, die vorderen zu Greifhänden. Und schließlich drittens diejenigen, die vom Sammler auch zum Jäger, also vom Vegetarier zum Allesfresser wurden. So mit neuen Eigenschaften ausgerüstet, waren diese ehemaligen Affen dann in der Lage, sich besser als ihre Vorfahren neuen Lebensumständen anzupassen.

Auch das schreibt sich leicht und lässt sich nur schwer vorstellen. Was waren diese »neuen Lebensumstände«? Wenn die Annahme zutrifft, dass vor anderthalb Millionen Jahren ein trockenes Klima den Baumbestand in Afrika drastisch verringerte und die Urmenschen zwang, ihre Nahrung in der Steppe zu suchen, dann ist damit aber noch lange nichts ausgesagt über die Zeit, in der Homo sapiens in Europa auftauchte.

So kann man sich Herrn und Frau Rulaman im Sommerdress vorstellen.

Nun ist Europa nicht gerade als warmer Erdteil bekannt. Im Gegenteil: Zeitlich überwiegen die Eiszeiten bei weitem, nur unterbrochen von kurzen Warmzeiten, wobei »kurz« etwa 10 000 Jahre meint. Wir heute leben in einer solchen Zwischeneiszeit, die um 9500 vor Christus einsetzte und, wenn die Rechnung stimmt, allmählich zu Ende gehen müsste.

Rechnet man auf dieser Basis zurück, dann müsste vor rund 300 000 Jahren also auch gerade eine Wärmeperiode geherrscht haben, als die Neandertaler hier auftauchte. Das klingt sogar wahrscheinlich, denn es ist kaum anzunehmen, dass sie aus einer warmen Zone, die ein Fellkleid unnötig machte, ausgerechnet in eine kalte, unwirtliche Zone gezogen sind, um sich dort niederzulassen. Und dass hier einmal sogar ein geradezu tropisches Klima geherrscht haben muss, wissen wir von Knochenfunden. Aber auch von den Höhlenmalereien der ersten Menschen, wo tropische Tiere als Jagdziele abgebildet sind, und vom 30 000 Jahre alten »Löwenmenschen«, einer Plastik, die in einer Höhle der Schwäbischen Alb gefunden wurde.

Die Neandertaler fanden zwischen dem Atlantik und dem Osten Mitteleuropas eine völlig andere Vegetation vor. In den Eisperioden tundra-artige Landschaften, in den Zwischeneiszeiten aber Wälder, unendliche Wälder, durchzogen von Wasserläufen und gegliedert und aufgeteilt durch Höhenzüge

Leben in der Steinzeit

und Gebirge. Es änderte sich für sie alles: Klima, Jahreszeiten, Früchte und jagbares Wild. Alles war zunächst anders und bedurfte der Gewöhnung.

Diese Anpassung erfolgte zum Glück allmählich, denn die Wanderung von Afrika nach Mitteleuropa dürfen wir uns nicht als ein zusammenhängendes Unternehmen vorstellen wie etwa einen Kreuzzug ins Heilige Land, wo das Ziel bekannt war und sich die Kreuzfahrer plündernd durch bewohntes Land durchfraßen, bis sie nach Monaten in Jerusalem ankamen.

Der Homo sapiens wusste zwar, wovon er wegstrebte, aber er wanderte ziellos ins vollkommen Unbekannte. Aber schon der Begriff »wandern« ist irreführend. Nomaden wandern nicht zu einem Ziel, sie ziehen wie Tierherden den Nahrungsquellen nach, wenn sie am gegenwärtigen Ort versiegen. Und wie Tierherden müssen wir uns diese ersten Neandertaler vorstellen. Sie bekamen unterwegs ihre Kinder, gründeten Familien und starben, während sie in Abständen von Tagen, Wochen oder Monaten weiterzogen, bis sie irgendwann und irgendwo hängen blieben und das Gefühl hatten, »hier lasst uns Hütten bauen«.

Stellen wir uns nun also vor, sie saßen – wie Rulaman und sein Stamm – auf der Schwäbischen Alb und siedelten in den zahlreichen Höhlen, während irgendwann später das Klima immer frostiger und kühler wurde, Norddeutschland schließlich unter einer zusammenhängenden Eisdecke lag und das Alpenmassiv einen riesigen Eisblock bildete. Dazwischen also unsere Urahnen. Für uns zentralheizungsgewohnte Menschen, die wir schon bei dem Wort Eiszeit schaudern, ein wahrer Alptraum.

Gedankenspiele

Da ist es tröstlich, das Buch des studierten Biologen und Geographen Josef Reichholf zu lesen, der in seinem Buch »Das Rätsel der Menschwerdung«, die »Entstehung des Menschen im Wechselspiel mit der Natur« beschreibt. Zwar lagen die mittleren Temperaturen damals vielleicht vier bis sechs Grad niedriger als heute, »aber das muss bekanntlich keine unangenehme Witterung bedeuten«, schreibt er, denn bei einer ruhigen Hochdruckwetterlage mit leichtem Frost und viel Sonne merke man die Kälte kaum. Das sei ja auch der Grund, weshalb man sich in Gebirgshochlagen stundenlang in die Sonne setzen und ohne zu frieren bräunen könne.

Dagegen sei ein wochenlang wolkenverhangenes Winterwetter ohne Sonnenschein ungleich schwerer zu ertragen als eine klare Frostperiode gleicher Dauer, weil die feuchte Kälte dem Menschen mehr zusetze. Bei Reichholf gipfelt das in dem Satz: »... dass das Eiszeitklima unseren Vorstellungen von gutem Wetter ungleich näher [kam] als unser gegenwärtiges in Mitteleuropa.«

Reichholf belässt es aber nicht dabei. Auch die Ernährungsverhältnisse seien, was Mineralstoffe und Fettgehalt angeht, dem Klima angemessen gewesen. »Das Fett liefert genügend ›Brennstoff‹ zur Bewältigung der Winterkälte«, schreibt er. »Die bessere Versorgung mit Mineralstoffen festigte die Knochen und garantierte auch eine reichliche Quelle von Phosphorverbindungen für den Aufbau des anspruchsvolleren Gehirns. Wenn dieser Schluss richtig ist, dann müssten sich entsprechende Veränderungen am

Skelett des eiszeitlichen Menschen feststellen lassen.

Sie sind in der Tat nachweisbar. Der eiszeitliche Mensch hatte sich nämlich nach und nach gewandelt. Aus einem Gehirnvolumen von etwas mehr als 1200 Kubikzentimetern war ein deutlich größeres hervorgegangen, das bis über 1500 Kubikzentimetern hinausreichte und damit unsere Durchschnittswerte übertraf. Die Knochen des Menschen waren massiver geworden. Sein mittleres Gewicht hatte das der heutigen Menschen erreicht oder übertroffen.«

Man sieht – wenn man Professor Reichholf folgt, den manche freilich für einen Querdenker halten –, man sieht also, dem Menschen konnte gar nichts Besseres passieren als eine jahrtausendelange Eiszeit. Zumal sie auch den Vorteil hatte, zahlreiche Erfindungen wie Felle gerben, Stoffe weben und ähnliche Überlebenspraktiken geradezu zu provozieren.

Lassen wir das als These stehen. Fest steht jedenfalls, dass die Menschheit so oder so imstande war, Eiszeiten durchzustehen und zu überleben – so wie Eskimos heute noch.

Überlebenschancen

Auch in einem anderen Punkt kann man an der Weisheit der Natur und der Darwin'schen Auslese zweifeln. Wo ist denn der Überlebensvorteil zu erkennen, wenn sich Lucys Erben erst das schützende Fell abgezüchtet haben, um dann nackt und ungeschützt entweder in der tropischen Sonne Afrikas zu stehen oder sich, ins Eisland ausgewandert, mühsam wieder in Felle hüllen zu müssen?

Die Antwort liegt in der Tatsache, dass es nur wenige Lebewesen – wie Pferd oder Hund – gibt, die sich, wie der Mensch, auf lange Distanz schnell bewegen können. Löwe oder Gepard können zwar zu einem rasanten Spurt ansetzen, so Reichholf, aber sie halten nur wenige hundert Meter durch und müssen dann erst eine ganze Weile ruhen, ehe sie das gejagte Wild fressen können.

Wenn der Mensch das gejagte, aber flüchtige Wild einholen wollte, musste er dagegen seine Fähigkeit zum Dauerlauf steigern. Da aber anhaltende Muskelbewegung Wärme freisetzt, waren diejenigen Jäger im Vorteil, die nicht überhitzten und besser laufen konnten. Vögel und Hunde können ihren Wärmeausgleich über Lungenfunktionen wie Hecheln regulieren. Der Mensch kann das nicht. Seine Chance: Je weniger Fell, desto besser die notwendige Kühlung, um den Kollaps zu vermeiden.

Die Auslese beim Menschen bestand also darin, dass der mit weniger Fell länger aushielt, zumal sich auf der bloßen Haut Schweißdrüsen bilden konnten, sodass die Verdunstung des Schweißes die Kühlung zusätzlich erhöhte. Auch wenn William Montagna, Professor für Dermatologie an der Universität Oregon, das Schwitzen in gewisser Hinsicht für »einen groben biologischen Schnitzer« hält, da es dem Körper enorme Mengen Feuchtigkeit und wichtige Salze entzieht. Tatsache ist, dass der heutige Mensch, obwohl ihm kein Fell mehr wächst, noch ebenso viel Haarwurzeln hat wie ein Menschenaffe. Er hat aber auch zwei bis fünf Millionen Schweißdrüsen und damit weit mehr als jeder andere Primat. Und Tatsache ist ebenfalls, dass er damit ganz gut zurecht kommt.

Dass trotz allem ein eigenes Fell im kalten Klima beim Überlebenskampf durchaus seine Vorteile gehabt hätte, wird niemand bestreiten. Das Handicap hatte aber laut Reichholf auch einen Vorteil. Der nackte Mensch war bei genügend Übung jederzeit imstande, nicht nur beim Laufen auf Dauer ohne Überhitzung Muskelarbeit zu leisten, was Tiere nicht können. Und gegen einen zu starken Wärmeverlust bei Kälte konnte er sich ja, genau wie heute, durch Felle oder Kleidung schützen.

Pediculus humanus und die Mode

Bleibt die Frage, wann unsere nackten Vorfahren anfingen, das verlorene Fell wieder zu ersetzen und sich anzuziehen.

Es gibt da eine ernst gemeinte Antwort, aber auch wenn sie von Professor Mark Stoneking vom Max-Planck-Institut für Evolutionäre Anthropologie in Leipzig kommt, ich finde sie so verblüffend komisch, dass ich diese im Jahr 2000 im »Spektrum der Wissenschaft« veröffentlichte Erkenntnis vorsichtshalber lieber als Schmankerl anbiete. Mithin: Die Erfindung unserer Kleidung ist mit der Mitleid erregenden Geschichte von *Pediculus humanus* verbunden. Der Kenner weiß, dass damit die gewöhnliche Menschenlaus gemeint ist.

Für dieses an sich harmlose Tierchen kündigte sich vor rund einer Million Jahren eine Katastrophe an: Der Mensch verlor die Körperbehaarung. Seitdem konnten sich diese Tierchen nur noch auf dem Kopf- und in den Schamhaaren festsetzten, denn, so der Wissenschaftler, der Rest seines Habitats hatte sich in Ödland verwandelt. Für sie begann eine lange Zeit der Entbehrungen. Sie endete erst, als den Menschen kalt wurde und sie Kleider erfanden.

Das war für die kleinen Kriecher nicht schlecht: Sie nisteten sich in den Gewändern ein, mutierten ein wenig und wurden aus Menschen- und Kopfläusen zu einer neuen Unterart, zur Kleiderlaus, oder zu *Pediculus humanus humanus*, wie man gebildet sagt.

Wenn man nun noch wüsste, wann diese Mutation stattfand, so der Professor, wüsste man zwangsläufig auch, wann der Mensch sich seiner schon in der Bibel erwähnten Nacktheit zu schämen begann und sich anzog. Um das herauszufinden, untersuchte Professor Stoneking das Erbgut der beiden Läusearten und kam auf rund 72 000 Jahre: »eine junge Tierart« also.

Das wiederum konnte nur heißen: Die Kunst, Kleider herzustellen, konnte nicht allzu lange vor der neuen Läuseart aufgekommen sein. Und tatsächlich, diese Kunst sei überraschend jung, fand der Professor und zog mutig das Fazit: »Unsere Garderobe ist nicht älter als 110 000 Jahre.«

Soviel zum Thema »Kleider machen Läuse«.

Dazu noch obendrein und umsonst ein erleuchtender Nachtrag zum Kapitel mit den drei Schüben. Dass die verschiedenen Schübe alle aus Afrika kamen und der Mensch nicht etwa an verschiedenen Stellen der Welt entstanden ist, ist dank *pediculus humanus* endlich auch gesichert. Alle Schübe, die bei uns ankamen, hatten die gleichen aus Afrika stammenden Läuse. So einfach ist Forschung.

Wo sie anfingen – die Höhlen

Nach diesen Gedankenspielen nun zurück zum tatsächlichen Leben in der Steinzeit.

Da ist also ein Sippenverband nach langer Wanderung mit Kind und Kegel von Ostafrika bis nach Süddeutschland gekommen. Unterwegs haben sie von der Jagd gelebt, von Früchten, Beeren und irgendwelchen Wurzeln, haben Kinder bekommen, ihre Toten verscharrt, sich gegen wilde Tiere gewehrt, waren Regen, Wind, Kälte und Hitze ausgesetzt. Geschlafen haben sie unter Bäumen oder im Gebüsch. Es muss ihnen wie ein Wunder vorgekommen sein, als sie Höhlen entdeckten, die ihnen wenigstens gegen Regen und Schnee und oft auch gegen Wind Schutz boten. Hier konnten sie Sachen trocken lagern, hier brauchten sie sich nur nach einer Seite hin vor wilden Tieren zu schützen statt rundum wie im Freien.

Verständlich, dass sie dieses höhlenreiche Gebiet zu ihrem Standquartier wählten, kein Wunder, dass wir in zahlreichen

Schutz vor Kälte und Regen, vor Tieren und Feinden – das Höhlenleben war oft die Rettung für unsere Vorfahren.

Der schwäbische Naturwissenschaftler und Zoologe David Friedrich Weinland (1829–1915) ließ Rulaman und seine Horden an bekannten Stellen der Schwäbischen Alb agieren.

Höhlen heute noch Siedlungsspuren von damals finden, einleuchtend, dass wir sogar vom »Höhlenmenschen« sprechen.

Es kann nun nicht ausbleiben, dass bei einem derart allgemein anerkannten Tatbestand einer daherkommt und das Gegenteil behauptet. »Der sprichwörtliche ›Höhlenmensch‹«, so Martin Kuckenburg im Jahr 2000, »erweist sich bei genauerem Hinsehen zumindest in unserem Raum als Fiktion, als ein Missverständnis der älteren Urgeschichtsforschung.«

Als Begründung zitiert er den (inzwischen verstorbenen) Tübinger Prähistoriker Joachim Hahn, der im Jahr 1995 erklärte: »Ich glaube, dass ich im Laufe meiner Grabungen mehr Zeit in Höhlen verbracht habe als die Eiszeitler.« Die Begründung des damals 45-jährigen forschen Forschers: Wenn da wirklich für längere Zeit Menschen gelebt hätten, müssten die Höhlen vor Siedlungsabfällen förmlich überquellen.

Vielleicht hätte er andere Höhlen aufsuchen sollen. Es gibt genügend davon, wo man sich vor Überresten, so genannten Artefakten, kaum retten kann. Aber dass sich ausgerechnet in den Höhlen über Jahrtausende hinweg auf nackten Steinböden Tierknochen erhalten haben müssten. Andere Abfälle gab es ja nicht, da unsere Vorfahren erst am Ende der Jungsteinzeit, also zu Rulamans Zeiten, Ton brennen konnten und auch dann noch kein Metall kannten ...

Wir siedeln also erst einmal unbekümmert unsere steinzeitlichen Vorfahren in Höhlen und vorstehenden Felsüberhängen, den so genannten »Abris«, an und werden uns erst später genauer mit ihren wechselnden Unterkünften beschäftigen.

Wir lassen uns dabei von David Friedrich Weinland helfen. In seinem »Rulaman« beschreibt er natürlich auch das Höhlenleben der »Aimats« in der Jungsteinzeit; heute könnte man es kaum besser. Dazu noch ein kleines Bonbon für uns Nachfahren: Die Tulkahöhle, die Weinland beschreibt, gibt es tatsächlich. Sie liegt nur einige Minuten von seinem Haus entfernt, in dem er den »Rulaman« für seine Söhne verfasste. Es ist die »Schillerhöhle« in der Nähe von Bad Urach. Man kann sie aufsuchen.

Weinlands »Bericht«

Mit der aufgehenden Sonne wurde es lebendig in der Tulka. Nur sechs Männer bewohnten dieselbe mit ihren Familien, alle Söhne eines Vaters. Aber da sie meist mehrere Frauen hatten, so belief sich die ganze Bevölkerung dennoch auf etwa fünfzig Köpfe. Der Raum in der Höhle reichte dazu vollkommen aus.

Der Eingang zur Tulkahöhle lag am Nordwestabhang eines steilen Berges, nahe dessen Gipfel, unter einem überhängenden Fels. Da war zunächst eine kleine Vorhalle. Dann versperrte ein mächtiges Felsstück den Weg nach innen und zwar so, dass rechts und links ein schmaler Pfad offen blieb, weit und hoch genug, dass ein Mann durchschlüpfen konnte. Hinter dem Felsblock stieg man einige Stufen hinunter, der Gang wurde enger und enger und dabei höher. Er wandte sich rechts, dann wieder links, und erst nach etwa hundert Schritten verbreiterte er sich auf einmal wie zu einer großen Halle. Hier war es schon ganz finster, und hier war die eigentliche Niederlassung der Bewohner, wo sie besonders

Als es noch keine Fotos gab: die große Halle in der »Tulkahöhle«

vor allen Unbilden der Witterung geschützt waren.

Der Boden war ziemlich eben, trocken und von der Natur mit Tropfstein gepflastert. An den Wänden hin sah man breitere und schmälere Vorsprünge, oft in langer Ausdehnung wie Galerien, dann wieder kleine und große Spalten und nischenartige Vertiefungen. Einzelne herabgestürzte Felsblöcke konnten als Tische, andere, kleinere, als Bänke dienen. Sie waren vielleicht absichtlich hierher gewälzt worden, langsam und mit Mühe, aber man hatte Zeit damals. Die Temperatur blieb sich winters und sommers ziemlich gleich, etwa wie in unseren Kellern; der Heizung bedurfte das abgehärtete Volk nicht.

So war dieser von der Natur selbst ausgestattete Raum für die Begriffe unserer Aimats eine nicht nur erträgliche, sondern höchst wünschenswerte Behausung. Die Decke der wenigstens dreißig Fuß hohen Halle war mit großen, phantastischen Tropfsteingebilden verziert, aus denen die kindliche Einbildungskraft eines Naturvolkes sich die wunderbarsten Gestalten zusammensetzen konnte. Überdies war der geräumige Felsensaal durch kurze, vorspringende Felswände gleichsam in verschiedene Räume geteilt, so recht geeignet für die einzelnen Familien des Stammes.

Von diesem großen, weiten Raum aus setzte sich die Höhle, wieder zu einem Gang verengt, immer nach Südost fort. Nach etwa hundert Schritten bog man links um eine Ecke in eine zweite, aber kleinere Grotte, die den Eindruck eines Beinhauses machte.

Hier lagen auf der einen Seite eine Menge Renntiergeweihe bunt durcheinander, viele noch mit dem Schädel daran, sodann lange Röhrenknochen von Renntieren und Pferden, Köpfe von Höhlenbären, einzelne Kinnbacken, auch ein schöner, mehr als mannslanger Mammutzahn, kurz, ein wahres Knochenmagazin.

Auf der anderen Seite dieser Grotte sah man zunächst einen ganzen Haufen Feuersteinknollen, von der Größe einer Faust bis zu der eines Kopfes; sodann Holzvorräte, die aber offenbar nicht zum Feueranmachen, sondern zu Werkzeugen bestimmt waren. Dickere und dünnere Stämme von Tannen, Eiben, Eichen, Hainbuchen, vom Schwarzdorn, Weißdorn, vom wilden Apfelbaum standen hier an der Wand herum. Es waren, mit Ausnahme der Tannen, lauter harte und zähe Hölzer, die sich für Bogen, Wurfspieße und Axtstiele gut eigneten. Einige besonders schöne, gerade Stämmchen hingen an Waldreben von der Decke herunter, offenbar, damit sie gerade blieben. Alle waren streifenweise geschält, damit sie nicht verbaumten, wie unsere Älbler sagen, das heißt nicht durch Pilze morsch werden. Weiterhin lagen in einer Ecke Büschel von Weiden und ein ganzer Haufen Waldreben, dicke und dünne. Diese Waldreben, unsere deutschen Lianen, waren als natürliche Seile von großer Wichtigkeit in dem Haushalt jenes Volkes. Das war die ganze Vorratskammer für ihr Gewerbe, einfach genug und doch vollkommen ausreichend, und ohne Zweifel hielten sich die Tulkamänner für sehr vorsorgliche Hausväter.

Hinter diesem Magazin verengte sich die Höhle. Nach einer kurzen Strecke trat man rechts in eine kleine Halle, die wieder andere Vorräte barg. Das war die Speisekammer für den Winter und für Zeiten der Not. Hier waren in ziemlicher Höhe mehrere Stangen quer übergespannt, an denen Reihen von hölzernen Haken befestigt waren, um an diesem kühlen Ort, wohin nie Fliegen oder andere Fleisch verderbende Insekten gelangen konnten, frisches Wild und Fleischvorräte aufzuhängen.

Auch die Wände des kühlen Raumes waren überall benutzt. Da standen und hingen ringsum in den vielen weiten und engen natürlichen Nischen der Steinwände und auf den Vorsprüngen große und kleine, meist schüsselförmige Töpfe, roh und plump aus Lehm und etwas beigemengtem Sand gebildet und am Feuer gehärtet. Solche standen auch auf Stangen, die mit vieler Mühe, zwei, drei nebeneinander, an den Wänden entlang befestigt waren und so gleichsam Bretter bildeten. In diesen Töpfen wurden die Vorräte an ausgelassenem Fett von Bären und anderen Tieren, getrocknete Beeren, Haselnüsse, Baumfrüchte, zumal Holzäpfel und Holzbirnen, gewisse Baumrinden, Kräuter und Wurzeln, Rapunzeln, wilde Möhren, auch getrocknete, essbare Pilze und Flechten, zum Beispiel isländisches Moos, das damals in Menge auf der Alb wuchs, aufbewahrt. Die Pilze und Flechten waren besonders wertvoll.

Man zerrieb sie zu einer Art Mehl, machte mit Wasser einen Teig und buk diesen mit Fett in Töpfen am Feuer.

Aber noch sind wir mit der Beschreibung der unterirdischen Wohnung jenes Völkleins nicht zu Ende.

Noch einmal verengte sich nämlich die Höhle und immer gegen Süden weiter wandernd, gelangte man wieder in eine Grotte, die wegen des beständig herabträufelnden Wassers zum Bewohnen und Aufbewahren von Vorräten unbrauchbar war. Umso wertvoller war sie als nie versiegende Wasserstube für die Fälle feindlicher Belagerung oder auch für den Winter, wo man oft wegen des mehr als mannshohen Schnees nicht zu der Quelle am Zickzackpfad gelangen konnte.

Für diesen Zweck waren in den Fußboden dieses Raumes flache Wasserbecken eingehauen, und das immerwährende Tropfen in diese Becken war es, wodurch das eintönige Geräusch hervorgebracht wurde, das man schon weit vorn, bald nach dem Eingang in die Tulka, vernahm.

Links von dieser Brunnenkammer folgte ein jäher Absturz nach Osten, dessen Boden bedeckt war mit knietiefem, rotem, weichem Lehm. Auch hier tropfte da und dort Kalkwasser von der Decke herunter, das oben noch beständig neue schöne Tropfsteine absetzte und den Lehm, den es bei seinem Durchsickern durch die Erde mitgenommen hatte, auf den Boden fallen ließ.

An diesem Ort war ein wunderbares Durcheinander aller möglichen Dinge. Zerbrochene oder ausgebrauchte Geratschaften, Tierknochen, Reste von Mahlzeiten, kleine Fellstücke, kurz alles Abgenutzte und Unbrauchbare wurde dort hinunter geworfen, wenn unsere guten Leute den

Weg bis zum Ausgang der Höhle zu unbequem fanden.

Und ist es nicht eine merkwürdige Fügung des Schicksals, dass gerade diese im Lehm der Höhlen eingebetteten Reste uns heutzutage fast allein Aufschlüsse über jenes uralte Volk geben, wie in Dänemark die

Gegen Ende der Steinzeit begann man noch ohne Drehscheibe Keramik zu formen.

Kjöggenmöddings in der Nähe des Meeres, mächtige Kehrichthaufen, bestehend aus Massen zerbrochener Muschelschalen, dazwischen zerbrochene Feuersteinmesser und Beile, Hornspitzen und Hornnadeln. Sie geben uns die einzige Nachricht über ein dortiges Urvolk, das unseren Höhlenbewohnern wohl am nächsten verwandt war und auch wohl ungefähr zu derselben Zeit lebte.

Doch zurück in die Wohnungshalle; auch sie und besonders ihre Wände müssen wir noch näher besichtigen. Überall in die Felsspalten, etwa mannshoch vom Boden, waren kürzere und längere hölzerne Zapfen

»Schmaus der vereinigten Jagdgenossen« nach erfolgreicher Bärenjagd

und Haken eingesteckt. An den einen hingen Bogen und wohl gefüllte Pfeilköcher, letztere aus Tierfellen zusammengenäht oder aus Lindenbast geflochten; an den anderen Steinbeile und Speere; wieder an anderen waren die langen Unterkiefer der Höhlenbären mit Hilfe eines kleinen Riemens, der durch ein Loch gezogen wurde, befestigt. Das gab treffliche Spitzhämmer zum Aufhacken der Markknochen, indem der starke Eckzahn die Spitze bildete. Auch schwere Holzkeulen hingen dort.

Andere Pflöcke waren mit Kleidungsstücken, nämlich zusammengenähten Tierfellen, schwer belastet. Diese Felle waren nicht starr und steif, wie man denken könnte. Zwar hatten die Aimats noch keine Ahnung vom Gerben des Leders und der Pelze, aber durch Einreiben mit Fett und Tiergehirn machten sie diese Häute weich, geschmeidig und zugleich undurchdringlich für Regen.

Andere Felle – es waren dicke Bärenpelze – dienten als Nachtlager und bedeckten überall an den Wänden herum den Fußboden.

Würden wir aber endlich noch einen Blick in manche der tiefen Wandnischen werfen, so fänden wir da erst die echten Kostbarkeiten des Haushalts. Da waren vor allem höchst merkwürdige Werkzeuge aus Feuerstein (Flint), der überall auf der Alb herum in großen Knollen sich fand. Aus diesem spröden, glasartig mit scharfen Kanten springenden Stein wusste jenes Volk durch geschicktes Schlagen, gewiss oft erst nach vielen misslungenen Versuchen, Werkzeuge herzustellen, längere und kürzere, die in der Mitte ziemlich dicke Splitter mit scharfen Rändern hatten. Dies waren ihre Messer. Viele hatten einen Griff aus Holz, einige bessere sogar aus Renntiergeweih. Einzelne waren längs der ganzen Schneide hübsch regelmäßig gezähnelt, es waren Sägen. Andere gröbere Flintstücke in Form eines Beiles waren mit Riemen oder Baststreifen an einen Holzstiel gebunden, auch wohl in eine durchbohrte Hornscheide gefasst; sie dienten als Haubeile zum Holzhacken und zugleich als Waffen.

In den Nischen fanden sich weiter die verschiedensten Geräte aus Renntiergeweih und gespaltenen Knochen, große und kleine, dicke und dünne. Da waren starke, zugespitzte, die wohl als Dolche zum Kampf in nächster Nähe dienten, andere sehr feine, pfriemenförmige, einzelne sogar mit einem Öhr, die man zum Nähen benützte.

Daneben lagen Halsbänder aus glänzenden Tierzähnen. Sie waren mit viel Mühe durchbohrt und wie Perlen an feine Lederriemen gereiht. Besonders geschätzt wurden die Schneidezähne des Pferdes. Sie sollten dem Mann, der sie trug, die Schnelligkeit dieses Tieres verleihen.

Dagegen fand man in der ganzen Höhle keine Spur von Metallgerätschaften, kein Kupfer, keine Bronze, kein Eisen; nur Stein, Bein und Holz gaben den Aimats den Stoff zu ihren Werkzeugen.

Endlich musste auch für die Beleuchtung der Wohnung gesorgt sein. Ein Bündel Kienspäne war in der Mitte der Halle zwischen einigen schweren Steinen aufgerichtet. Diese Fackel glimmte und flackerte Tag und Nacht als ewiges Feuer. Die Beleuchtung war spärlich, doch ließ sie, wenn man einmal daran gewöhnt war, alles ziemlich deutlich erkennen. Die Lichtwirkungen an den zerrissenen und vielgestaltigen Wänden und an dem mit Tropfstein bedeckten Dach der Höhle waren höchst malerisch und erzeugten einen ewigen Wechsel von Licht- und Schattengebilden, deren Formen freilich durch beständig aufsteigende Rauchwölkchen verdunkelt wurden.

An diesen Gebilden mag sich jenes alte Volk schon erfreut haben. Dagegen war der beständige Rauch, der nach dem Ausgang der Höhle abziehen musste, schlimm für ihre Augen, und Augenleiden waren bei ihnen eine häufige und schmerzhafte Krankheit; daher rührte wohl auch die Gewohnheit der Aimats, die Lider halb zu schließen. Dies machte ihren Gesichtsausdruck, der sonst lebhaft und nicht unangenehm war, etwas blöde.

Andere, weniger poetische Zierraten, an der Sonne getrocknetes oder am Feuer geräuchertes Bärenfleisch und gedörrte Fische, hingen an der Decke.

Während des Sommers diente die innere Höhle nur für die Nachtruhe. Den ganzen Tag über, von Sonnenaufgang bis Sonnenuntergang, war man draußen. Anders im Winter, wo diese eben nicht kleine Gesellschaft oft mehrere Wochen lang Tag und

Nacht hier lebte und webte, zusammen mit den zahmen Tieren, die Überfluss und Mangel, Glück und Unglück mit ihnen teilten.

Nun ist es nicht schwer, sich eine Vorstellung von dem bunten Gewimmel der Menschen und Tiere in der Höhle zu machen. Da sitzt eine Gruppe von Weibern beim Feuer, die mit dem Beinpfriemen, mit Tiersehnen als Faden, an Fellen nähen, die mit Glättbeinen auf einem flachen Stein, wie heute noch die Lappen, die harten Nähte glatt bügeln und sich dabei aufs lebhafteste über ihre Angelegenheiten, ihre Kinder, ihre Pelzkleider, ihren Schmuck, unterhalten.

Daneben sind einige junge Mädchen eifrig beschäftigt, das lange, schwarze Haar mit großen Kämmen zu strählen. Diese sind kunstvoll aus hartem Eichenholz geschnitzt, haben aber nur wenige Zähne. Mark aus Renntierknochen verleiht dem etwas groben Haar Geschmeidigkeit und Glanz, und nicht wenig Mühe wird schließlich auf den großen, korbförmigen Knoten verwendet, der von den einen oben auf dem Kopf, von den anderen mehr im Nacken getragen wird. Ein munterer junger Aimat plaudert mit ihnen, beleuchtet die Arbeit freundlich mit einem Kienspan, lobt bald den Haarknoten des einen, bald den des anderen Mädchens, um zuletzt sich über alle lustig zu machen.

Hier wälzen sich lachende kleine Kinder mit jungen Wölfen und Bären auf dicken Fellen behaglich am Boden herum.

Dort stehen einige Männer und erzählen sich ihre Jagdabenteuer, während andere an Feuersteinen klopfen, Wurfspieße und Pfeilschäfte glätten oder Renntiergeweihe schaben.

In einer Ecke aber sitzt die alte Parre und erzählt älteren Knaben und Mädchen grausige Geschichten aus alter Zeit: Von bösen Männern, die in Eulen, von bösen Weibern, die in Fledermäuse verwandelt worden waren, was die Baum- und Felsengeister bei Nacht treiben, wo die Stürme herkommen und der Blitz und der Donner; wie man die Giftschlangen fange, ohne gebissen zu werden, was man tun müsse, wenn man gebissen sei, und wie man das Blut und den Schmerz bei Verwundungen stille. Aber sie weiß auch, wie man aus den weißen Mistelbeeren, die auf den Eichen und Holzäpfelbäumen wachsen, den Vogelleim kocht, um Vögel zu fangen. Sie zeigt ihnen, wie man aus Waldreben, Riemen und Rosshaaren die Schlingen für große und kleine Haartiere und für Vögel macht. Sie weiß alles.«

Soweit David Friedrich Weinland in seinem »Rulaman«, in dem er zahlreiche Gegenstände und Dinge wie Tonwaren, Pfeilspitzen, Vogelleim und Ähnliches bereits als erfunden und gegeben beschreibt.

Hier zeigt sich nun eine der Schwierigkeiten bei der Rekonstruktion steinzeitlichen Lebens. Da sich der Homo sapiens seit über 200 000 Jahren in Europa aufgehalten hat, haben sich in dieser langen Zeit manche Lebensverhältnisse verändert, Erfindungen sind dazu gekommen, andere wurden verbessert wie die Faustkeile oder überholt wie lederne »Kochtöpfe«.

Um aber die Entwicklung insgesamt zu verstehen und die geistige Leistung zu würdigen, die in Erfindungen steckt, die wir heute leicht für selbstverständlich und von Anfang an gegeben ansehen, will ich versuchen, mit der jeweils ältesten rekonstruierbaren Form zu beginnen und, wenn möglich, die Entwicklung aufzeigen.

Die »alte Parre«, die Urahne der Rulamansippe, hat ihre Visionen.

Wovon sie lebten – Jäger und Sammler

Bis vor nicht einmal zehn bis fünfzehntausend Jahren lebten unsere Vorfahren von dem, was sie mehr oder weniger zufällig vorfanden, und nicht von dem, was sie selbst anbauten und hervorbrachten. Der Kampf ums Überleben auf dem Boden unterschied sich vom Leben auf den Bäumen nicht grundsätzlich. Nur das, was man als Nahrung fand, war verschieden.

Aber auch das Wie. Mit dem bloßen Hinlangen war es nicht mehr getan, man musste dem Wild schon auflauern und ihm hinterherlaufen, man musste zur rechten Zeit an der richtigen Stelle Früchte und Beeren finden und sammeln. Man plante also noch nicht den Anbau eines Produktes, sondern nur Zeitpunkt und Art, es zu bekommen.

Sie waren, auf die Formel gebracht, Jäger und Sammler, und als solche Nomaden, die von Afrika aus auf den Spuren des Wildes die Welt eroberten und nach Spanien, nach Mitteleuropa, aber auch bis hoch nach Sibirien und schließlich bis nach Ostasien zogen und so allmählich den Globus besiedelten.

Dem Wild auf der Spur

Der allererste Anfang wird mühselig und kläglich gewesen sein. Auch wenn wir sie heute summarisch »Jäger und Sammler« nennen und sie uns wie barfüßige Oberförster vorstellen – mit was hätten sie denn »jagen« sollen? Sie hatten vielleicht schon gelernt, mit Stöcken Früchte von den Bäumen herunterzuschlagen und mit Steinen Nüsse aufzuklopfen. Und wenn sie schnell genug liefen, konnten sie ein Tier fangen. Wobei die Frage unbeantwortet bleibt, wie ein reiner Pflanzenfresser so einfach vom Baum steigt und auf Mischkost übergeht. Und wie er ohne angeborene oder erworbene Instinkte und Reflexe damit auch zurrcht kommt.

Es ist schon eine radikale Umstellung. Die Früchte auf den Bäumen laufen ja nicht weg, man langt einfach hin. Bei Tieren war

Damals lebten in Warmzeiten auch tropische Tier wie Mammuts und Elefanten auf der Schwäbischen Alb.

Nur gemeinsam können sie die riesigen Mammuts in Gruben fangen und mit Felsbrocken erschlagen.

das eben nicht so, denen musste man auflauern und hinterherjagen, um sie überhaupt erst einmal in die Hand zu bekommen.

Man kann sich nun vorstellen, dass sie sich irgendwelche Kriechtiere fingen, die gemächlich am Boden vorankamen und nicht ausweichen konnten. Aber dass man auch einen rebhuhnartigen Vogel wie das Frankolin mit der Hand fangen kann, klingt nach Jägerlatein, ist aber Tatsache. Diesem heute noch in Afrika und Asien vorkommenden Vogel wird dabei sein eigenes Fluchtverhalten zum Verhängnis. Wenn sich ein Feind nähert, fliegt es vom Boden auf und lässt sich in ungefähr 30 Meter Entfernung wieder nieder. Wird es noch einmal aufgescheucht, fliegt es wieder fort, aber jetzt nur noch halb so weit. Beim dritten Mal das gleiche, aber jetzt sind es nur noch wenige Schritte. Dann kauert sich das Frankolin bewegungslos am Boden zusammen, um auf diese Weise unsichtbar zu werden. Das gelingt bei Tieren, die sich nur wenig über den Boden erheben. Es gelingt aber nicht bei jenem Tier, das gelernt hat, sich aufzurichten: Homo erectus sieht aus seiner Augenhöhe, wo der Vogel reglos sitzt und kann ihn mit der Hand fangen.

Vollends unglaubwürdig klingt, dass man auch Hasen mit der Hand fangen kann. Aber was im Märchen dem Igel mit einer Täuschung gelingt, das kann man, wenn man selber einigermaßen zu Fuß ist, mit Beobachtung und einer intelligenten Verfolgungsjagd erreichen. Der Trick: Man muss auf die langen Ohren achten. Wenn der Hase einen Haken schlagen will, legt er die Ohren ganz zurück. Der Jäger muss in diesem Moment reagieren und ebenfalls spontan abbiegen. Die Chance, dass er die gleiche Richtung gewählt hat wie der Hase und ihm so den Weg abschneiden kann, liegt bei 50 Prozent. Hat der Jäger die richtige Seite gewählt, kann er als guter Läufer den Hasen tatsächlich mit der Hand fangen. Aber auch wenn er sich für die falsche Seite entschieden hat, ist nicht alle Hoffnung verloren. Gewöhnlich rennt der Hase in Deckung, spielt toter Hase und rührt sich nicht mehr. Jetzt muss der Jäger versuchen, den Hasen trotz seiner Tarnfarbe in seinem Versteck zu erkennen. Da die Farbsichtigkeit des Menschen in diesem Falle besser ist als beim Tier, stehen die Chancen nicht schlecht, den Hasen zu entdecken.»Der Mensch braucht nur noch hinzugehen und seine Beute aufzuheben«, lese ich und versuche es zu glauben. Mit Erfolg ausprobiert hat es jedenfalls der britische Archäologe und bedeutende Paläontologie Louis Leakey (1903–1972), dessen Sohn wir schon einige Kapitel zuvor kennengelernt haben.

Und so ähnlich geht es weiter. Grover S. Krantz, ein Anthropologe an der Washington State University, hat dafür den Begriff »Jagd durch Ausdauer« geprägt. Er umschrieb damit die Tatsache, dass man Gazellen und Antilopen so lange in Bewegung halten und verfolgen muss, bis sie zum Umfallen müde werden.»Nach ungefähr einer Stunde«, schrieb im 19. Jahrhundert der Forscher John Hanning Speke nach einer afrikanischen Expedition,»rennt das geängstigte Tier völlig erschöpft von Busch zu Busch und wirft sich unter jedem zu Boden, bis es am Schluss gefangen werden kann.«

Was für ein Zufall, was für ein Glück, dass Homo erectus rechtzeitig das Fell seiner Vorfahren verloren hat …

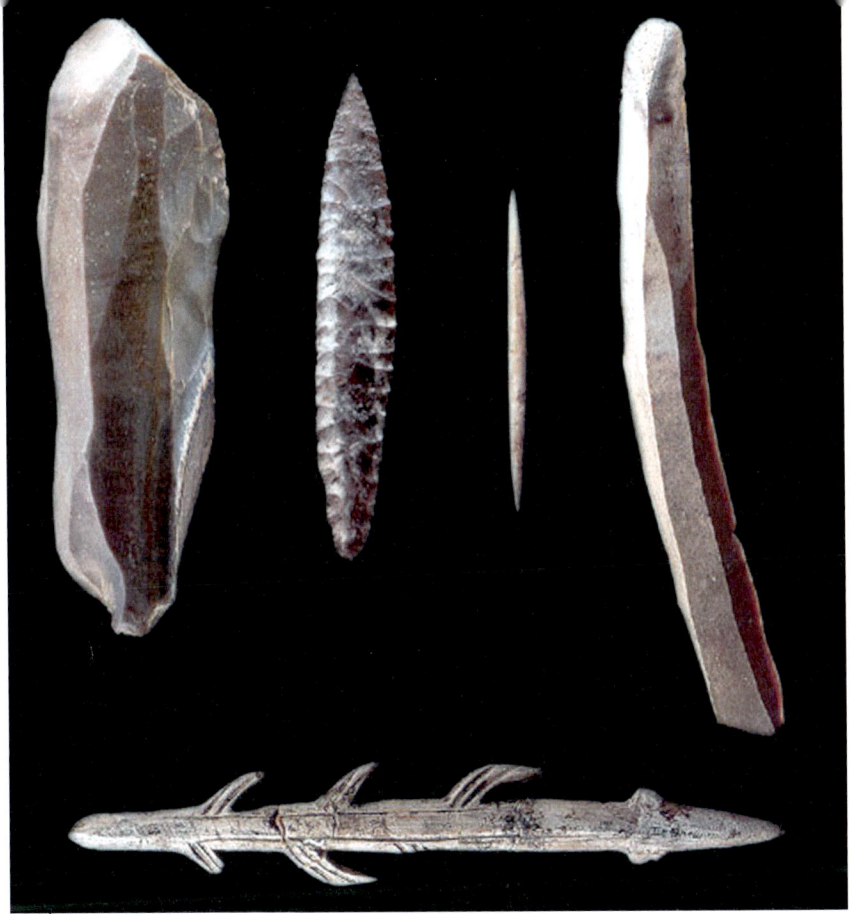

Außer Messern, Nadeln und Klingen konnten unsere Vorfahren selbst Pfeile mit Widerhaken aus Stein arbeiten.

Pfeil und Wurfspeer

Da unsere Vorfahren aber in der Regel nicht schnell genug waren, um Vierbeiner im Lauf zu fangen, und da sie noch keine eigentlichen Jagdwaffen wie Speere, Pfeile oder Wurfgeschosse besaßen, blieb ihnen für den Anfang meist nur das Fallenstellen übrig. Oder sie aßen verendetes Getier, sprich Aas. Wobei für sie der Unterschied relativ gering gewesen sein dürfte, denn auch gefangene Tiere in Fallgruben und Netzen waren wohl des Öfteren auch nicht mehr am Leben.

Ab wann aber hatten sie Jagdwaffen? Noch Ende des letzten Jahrhunderts, also zwischen 1980 und 1990, war umstritten, ob die Neandertaler überhaupt schon aktive Jäger gewesen sind. Diese Fähigkeiten hätten unsere Vorfahren vielmehr erst in der Jungsteinzeit erworben.

Kaum ein, zwei Dezennien später ist diese allgemeine Weisheit weit überholt. »Es ist offensichtlich, dass bereits die Neandertaler weitaus entwickeltere Subsistenz- und Landnutzungsstrategien verfolgten als bisher angenommen wurde«, schreibt die Archäologin Bärbel Auffermann, stellvertretende Leiterin des Neanderthal-Museums in Mettmann im Jahr 2006.

Und weiter: »Mit welchen Waffen haben Neandertaler gejagt? Verfügten sie nur über Stoßlanzen oder auch über Wurfspeere? Die Fundstelle bei Schöningen in Niedersachsen liefert durch außergewöhnlich gute Erhaltungsbedingungen wesentliche Informationen über die Menschen aus der Zeit um 400 000 Jahre vor heute. Die einmalig gut erhaltenen, bis zu 2,50 Meter langen hölzernen Wurfspeere belegen eindeutig Jagdaktivititäten des frühen Menschen in Europa. Seit 1994 wurden neun Speere entdeckt. Die Menschen haben hier, am Seeufer, gezielt Wildpferde gejagt und die Jagdbeute anschließend verwertet.«

Mit diesem Speer, einem nicht einmal ganz geraden Fichtenstämmchen, hat der Mensch eine erste Erfindung gemacht. Aus der Stange, mit der er vorher Früchte vom Baum geschlagen hatte, wurde plötzlich ein Geschoss. Sein Arm war durch den Ast nicht nur um zwei Meter länger geworden. Dadurch, dass er den Ast gezielt als Waffe wegschleuderte, hatte er seinen Radius auf einmal um das Mehrfache vergrößert.

Der moderne Fachmann wundert sich dabei, wie sachkundig und wie geschickt der Homo erectus jener Tage seine Wurfspeere hergestellt hat. Es waren hochgeschossene junge Fichtenstämmchen, sauber entrindet und die Astansätze sorgfältig mit Steinen flach- oder weggeschliffen. Als Speerspitze wurde nicht die dünne Baumspitze gewählt, nein, im Gegenteil, die schwerere, klobige Basis. Das brachte zwei Vorteile: Zum einen war auf diese Weise nicht nur der härteste und belastbarste Teil des Wurfspeers vorn, sondern es lag auch, wie bei modernen Speeren, der Schwerpunkt und der größte Durchmesser im vorderen Drittel.

Und selbst wenn der Laie moniert, dass die Speerspitze nicht ganz in der Mitte sitzt, ist der Fachmann hingerissen. Die asymmetrische Spitze zeigt ihm nämlich, dass Homo erectus sehr wohl bemerkt hatte, dass in der Mitte eines Stammes das Markholz weicher und daher weniger tauglich ist als das robuste Holz darum herum. Aus diesem Grund haben die Neandertaler später wohl auch knöcherne oder steinerne Spitzen in ihre Wurfgeschosse eingepasst und mit Birkenpech verklebt.

Jedenfalls sind diese Speere aus dem Harzer Vorland »nicht nur die ältesten vollständig erhaltenen Jagdwaffen der Welt, sondern auch einer der ältesten Nachweise für Fernwaffen« überhaupt. Die einzigen sind es jedenfalls nicht. So hatte man schon 1948 in Lehringen bei Verden das Skelett eines etwa 45-jährigen Waldelefanten gefunden, das auf einer Eibenholzlanze lag. Durch das Gewicht des Elefanten war die etwa 2,40 Meter lange Lanze in elf Teile zerbrochen.

Und dass es neben den Speeren damals noch eine andere Fernwaffe gab, ist erwiesen und zwar durch Höhlenzeichnungen. Es sind die so genannten Wurfhölzer für die Kleintierjagd, spitzwinklige, ungleich lange Astgabeln, die beim Wegwerfen rotieren und so den Wurf stabilisieren. Verwandte des Bumerangs also, nur dass sie nicht freiwillig zurückkehren.

Nicht zu vergessen: Pfeil und Bogen, die im Lauf der Entwicklung dazukamen.

Mit den Eiszeiten kamen auch Elche und Rentiere auf die Alb.

Was sie jagten

Mit diesem Arsenal konnten die Steinzeitleute praktisch jedes Tier erlegen, vom Hirsch und Elch angefangen über Auerochs, Bison und Wildpferd, vom Bären bis hin zum Nashorn und zum Elefanten. Dass das auch geschah, wissen wir. Zum Teil riesige Knochenlager geben uns Nachfahren davon Auskunft. Allein in Amvrosievka, einem steinzeitlichen Jagdlager in der Ukraine, haben Archäologen die Knochen von tausend erlegten Wisenten gefunden. Oder: Unter dem Felsen von Solutré bei Mâcon in Frankreich fand man die Knochen unzähliger Pferde, die von den Jägern alljährlich in die Enge und über die Felskante in die Tiefe getrieben wurden. Wieder anders machten es die Neandertaler in Mauran in Südfrankreich am Fuß der Pyrenäen. Hier nutzten sie eine Verengung im Tal der Garonne, um ganze Bisonherden zwischen Felsen und Steinhaufen an ihren Speeren vorbei zu treiben. Die Tiere wurde dann gleich an Ort und Stelle zerlegt. Das kann man daran ablesen, dass kein Tier so gefunden wurde, wie es anatomisch zusammengehörte, sondern dass die Knochen vollkommen durcheinander lagen. Die Röhrenknochen waren außerdem alle aufgebrochen, um das nahrhafte Knochenmark heraussaugen können. Überdies lässt sich an Schnitt- und Schlagspuren an den Knochen nachvollziehen, dass das Fleisch offensichtlich nach und nach mit Steinmessern abgelöst wurde. Dass solche Steinmesser ab und zu nachgeschärft werden müssen, kann man sich nicht nur vorstellen, man kann es auch beweisen. Es finden sich stets genügend abgeschlagene Steinsplitter als Zeugen einer solchen Steinmesserschärferei.

Und so zeichnet der Paläontologe das traute Bild eines Neandertalerclans, der sich mit seinen Familien, seinen Frauen und Kindern, so lange neben dieser Schlachtbank niedergelassen hat, wie der Vorrat an Bisons reicht, um dann weiterzuziehen.

Ähnliche Wanderlager dieser Art hat es aber auch in Deutschland gegeben und zwar im Vulkangebiet der Osteifel. »Die Neandertaler schlugen über 100 000 Jahre lang immer wieder ihre Jagdlager auf den Vulkankegeln auf«, heißt es in dem Band »Die Neandertaler«. »Sie schätzten die Kratermulden offenbar als geschützte Siedlungsplätze, an denen ihnen Wasser aus den Kraterseen zur Verfügung stand. Die Lava speicherte die Sonnenwärme und vom Kraterwall aus hatten die Jäger einen weiten Blick in die offene Landschaft. Bevorzugte Beutetiere der mittelpaläolithischen Jäger waren Auerochsen und Wisente, Hirsche und Pferde. Isotopenuntersuchungen an Neandertalerknochen haben denn auch erwiesen, dass der Anteil an tierischer Nahrung stets hoch war. Die Tiere wurden am Jagdplatz zerteilt und nur die Gliedmaßen zur weiteren Verwertung zum Lager auf den Vulkankegeln transportiert. Nach der Entfleischung brachen die Neandertaler die Markknochen auf, um an das Mark zu gelangen ...«

Alles in allem: Die Jagd war ein aufwendiges, oft gefährliches und anstrengendes,

Das Urgeschichtliche Museum in Blaubeuren zeigt eine eindrückliche Sammlung von Jagd- und Beutetieren der Steinzeit.

aber auch einträgliches Geschäft. Außer Fleisch brachte es auch lebensnotwendige Pelze und Felle. Aber stets blieb es bei der Kombination – Jäger und Sammler.

Die Vorstellung, dass die Männer auf Jagd gingen und ihr Leben riskierten, während die Frauen sich um die Kinder kümmerten, in der Umgebung Kräuter und Früchte sammelten und sonst kochend am Lagerfeuer saßen, entspricht dem heute oft belächelten konventionellen Gesellschaftsbild. Nichtsdestotrotz und um hier eigens diese altväterliche Formel zu bemühen – so war es nun mal.

Dabei: Das Leben der Frauen war dadurch um nichts leichter und was sie, oft genug noch schwanger und meist mit Kindern um sich, ohne Hilfsmittel und ohne technische Erleichterungen sammelten, schleppten, hackten und bearbeiteten, war Arbeit genug. Sie mussten in den Wäldern Holz sammeln und heranschleppen, sie mussten sich, als sie sesshaft geworden waren, um die Felder kümmern, um Saat und Ernte, und sie mussten Korn mahlen. Sie mussten auch Früchte, Beeren und essbare Wurzeln sammeln, sie mussten sich um die Vorratshaltung kümmern, aber auch um Fellkleidung, um wärmende Spreu und trockenes Laub für die Schlafnischen.

Pflege, Krankheit, Tod

Auch wenn sicher schon die Bauernregel galt: »Schmutz macht widerstandsfähig«, gewisse Formen von Hygiene muss es damals schon gegeben haben. Und wenn es nur um die Frage geht, was man damals anstelle von Toilettenpapier benutzte und wie man einen Säugling ohne Hemdchen und Windeln überhaupt durchbrachte, und das im Winter und in Eiszeitperioden.

Es liegt nahe, von der Kinderpflege und -aufzucht auch auf die weibliche Fürsorge bei erwachsenen Kranken zu schließen. Dabei wissen wir nicht einmal, ob und wie das stattgefunden hat. Wir kennen Extremfälle wie verheilte Schädeloperationen oder ausgebohrte und wieder gefüllte Zahnlöcher, also Fälle versuchter Heilung.

Doch wie ging man mit denen um, die heillos krank waren, die der Gesellschaft zur Last fielen? Das wird im Lauf der Jahrtausende nicht gleich gewesen sein. Zumindest aber ein Fall ist bezeugt, wo drei missgebildete Menschen immerhin erst mit etwa 20 starben. Die Rede ist von drei 1949 in Südmähren gefundenen Skeletten aus der Jungsteinzeit vor etwa 35 000 Jahren, von zwei jungen Männer und einer Frau, alle drei mit auffälligen Anomalien: missgebildeten Schulterblättern, abgeplatteten Schlüsselbeinen und einseitig verschieden langen Armen und Beinen. Schädigungen, mit denen Bewegungseinschränkungen verbunden sind und die die Behinderten nicht ohne Fürsorge der Gruppe überlebt haben können.

Ludwig Reisch, Lehrstuhlinhaber für Ur- und Frühgeschichte der Uni Erlangen-Nürnberg, folgert daher:»Auf jeden Falle müssen verletzte, kranke und behinderte Kinder und Jugendliche eine echte Chance gehabt haben, trotzdem zu überleben und das Erwachsenenalter zu erreichen. Bei den die eiszeitlichen Lösssteppen und Tundren durchziehenden Mammutjägern war dies sicher nur möglich, wenn sie in ihren Gruppen die dafür notwendige Pflege und Fürsorge erhielten ...«

Und wenn wir schon beim Thema sind: die Lebenserwartung. Die gängige Vorstellung ist, dass das Leben des Neandertalers »kurz, hart und brutal« verlief. Da ist die Rede von hoher Kindersterblichkeit und relativ frühem Tod der Erwachsenen ab dem 35. Lebensjahr. Das alles glauben manche Archäologen auch belegen zu können und punktuell mag das alles stimmen. Nur: Es ist einfach unmöglich, aus ein paar vorhandenen Beispielen auf die Allgemeinheit zu schließen. Dabei geht es um riesige Lebensräume vom Atlantik bis zum Ural, um verschiedene Klimazonen, um Kalt- und Warmzeiten und schlussendlich um viel zu lange Zeiträume insgesamt.

Die Archäologin Bärbel Auffermann, uns schon bekannt als stellvertretende Leiterin des Neanderthal-Museums in Mettmann, fasst das Ergebnis daher so zusammen: »Aus den vorliegenden Informationen, die auf den Untersuchungen der Skelettreste und auf den Vergleichen mit heute lebenden Wildbeuterbevölkerungen basieren, lassen sich lediglich allgemeine Feststellungen treffen. Zweifellos war das Leben der Neandertaler zumindest zeitweise von großen körperlichen Anstrengungen und in einzelnen Lebensabschnitten auch von Entbehrungen gekennzeichnet. Mit anderen Worten: Das Leben der Neandertaler und damit auch ihre Lebenserwartung wird je nach den klimatischen und räumlichen Bedingungen Schwankungen unterworfen gewesen sein.«

Soviel jedenfalls steht fest: Bei aller Frühsterblichkeit gibt es zahlreiche Belege, dass Neandertaler auch älter als fünfzig wurden.

»Stillleben« im Bad Buchauer Federseemuseum

Was sie konnten – Entdeckungen und Erfindungen

Ich kann entdecken, dass ein Fell wärmt, aber erfinden kann ich es nicht. Nur ausnutzen. Ich kann entdecken, dass man mit Feuer Fleisch braten kann, aber ich kann es nicht erfinden. Höchstens perfektionieren. Erfinden kann ich dagegen ein Werkzeug für eine Tätigkeit, die es vorher nicht gab. So das Beil, um Bäume zu fällen, die scharfe Steinklinge, um etwas zu schneiden, den Pflug, um die Erde aufzureißen und zu lockern.

Entdecker benutzen Vorhandenes als neue Gebrauchsmöglichkeit, Erfinder schaffen etwas Neues, um es zu gebrauchen. Ich habe das Kapitel daher »Entdeckungen und Erfindungen« genannt, weil ich in meiner Beschreibung zwischen beiden Begriffen unterscheiden möchte.

Entdeckungen ...

Feuer und Flamme

Von allen menschlichen Erfindungen war der Besitz des Feuers die wichtigste Errungenschaft. Die Bewahrung des Feuers und der überlegte Umgang mit ihm bildet von Anfang an eine der Trennlinien zwischen Tier und Mensch. Dabei ist der Mensch nur durch Zufall in den Besitz des Feuers gekommen.

Die gängige Vorstellung, wie der Mensch zum Feuer kam, ist der Blitzeinschlag, der einen Waldbrand auslöste – und so wird es wohl auch gewesen sein. Hier erfuhr und erlebte der Mensch zum ersten Mal, dass Feuer nicht nur heiß und hell war, sondern auch Dinge selbst verändern konnte. Aus Holz wurde ein seltsamer Staub, aus dem blutigen Fleisch eines umgekommenen Tieres etwas ganz Neues. Das Fleisch roch anders, schmeckte anders und vor allem, es verdarb nicht mehr so schnell wie das rohe Fleisch des erjagten Wildes.

Das Problem war nur: Feuer musste regelrecht gehütet werden, und das war sicherlich ein mühseliger und von Misserfolgen und Fehlschlägen durchsetzter Lernvorgang. Allein schon einen brennenden, glühenden Ast aus dem Wald bis ins Lager zu bringen konnte ein schmerzliches Erlebnis sein. Feuer tat weh, wenn man ihm zu nahe kam, man konnte sich auch selbst verbrennen. Und dann: Legte man kein Holz nach, verschwand es wieder, schützte man es nicht vor Regen und Nässe, ging es aus und ließ sich nicht mehr beleben. Schützte man es zu sehr, indem man es mit Erde zudeckte, erstickte es. Das ging so fort, bis man eines Tages wieder durch Zufall entdeckte, wie man aus dem Nichts selber Feuer machen konnte.

Das kann ganz spielerisch passiert sein. Da war vielleicht einer dabei, sich aus Steinen einen Keil zu hauen. Den einen Stein legte er vor sich auf die Erde und hielt ihn fest, mit dem Stein in der anderen Hand

Im Federseemuseum können Schulklassen das Feuermachen mit Stein und Zunder üben.

schlug er zu. Stein prallte auf Stein, bei manchen Steinen spritzten kleine Lichtblitze vom Stein weg. Berührten sie die Haut, konnte es sogar wehtun. Irgendwann einmal muss so ein Lichtblitz auch auf ein Stück trockenes Moos in der Nähe geflogen sein, ein Windhauch, auf einmal wurde das Moos rot, knisterte und wurde warm. Wieder ein Windhauch und plötzlich war es ein Feuer, einfach so.

Was für eine Entdeckung, man konnte Feuer selber machen! Es wird freilich mühsam gewesen sein, aus dem Zufall des Feuerschlagens ein wiederholbares Ereignis zu machen. Man musste Steine ausprobieren, man musste herausfinden, womit die Funken am besten zündeten und diesen »Zunder« bereitlegen.

Heute ist das alles kein Kunststück mehr und steht in Büchern beschrieben. Feinkörniger, schlagfester Pyrit aus dem Schwarzen Jura, dazu eine handliche Feuersteinknolle von der Schwäbischen oder Fränkischen Alb oder von den Meeresküsten im Norden, ein handlanges Stück gerollte Birkenrinde, gefüllt mit einer Mischung aus Moos, trockenen Grasrispen und der weißen Haut des Birkenstammes, die man mit Finger abziehen kann, als Zunder – und mit erlernbarer Technik und Übung kann man heute in Minutenschnelle Feuer schlagen wie damals Rulaman und Co.

Wer Feuer jedoch nicht schlagen will, der kann es ja auch bohren. Auch diese Art »Feuerzeug« musste man nicht erfinden, man brauchte eines Tages nur zu entdecken, dass Reibung Wärme erzeugt bis zur Flammenglut. Zum Beispiel, wenn man versuchte, ein Loch in ein Steinbeil zu bohren und in einer Steinvertiefung Sand mit einem Holzstab verquirlte. Statt das Loch auszuschmirgeln fing der Stock an zu qualmen bis er brannte – eine echte Vorform des »Streichholzes«. (Statt zu quirlen kann man den Holzstab übrigens auch in die Sehne eines Bogens eindrehen und Wärme durch Hin- und Herfiedeln erzeugen.)

Aber auch wenn man jetzt selber Feuer »machen« konnte – Feuer war und blieb ein vergängliches Element und noch Jahrtausende später Anlass genug, dass Griechen und Römer das Feuer göttlicher Obhut übergaben. Bei den Griechen war es Hestia, die jungfräuliche Göttin des Herdfeuers und Tochter des Chronos und der Rhea; bei den Römern Vesta mit ihren Vestalinnen. Das war mehr als eine Million Jahre nach dem Zeitpunkt, an dem sich nach Aussagen der Wissenschaft der Mensch das Feuer zu Nutze gemacht hatte.

Aber auch hier muss man mit Zahlen vorsichtig sein. Noch in den Achtzigerjahren des letzten Jahrhunderts konnte man in renommierten Lexika lesen, dass man den ältesten Nachweis, dass der Frühmensch das Feuer beherrscht habe, in der Drachenhöhle von Choukoutien bei Peking gefunden habe. Holzkohle- und Aschereste wurden dort auf die Zeit vor 350 000 Jahren datiert. Inzwischen hat die Drachenhöhle ihre Spitzenstellung eingebüßt und gilt nur noch als die älteste menschliche Feuerstelle in China.

Das älteste von Frühmenschen gehütete Feuer glaubt man inzwischen stattdessen in Chesowanja in Kenia, also in Afrika, gefunden zu haben, wo es vor etwa 1,4 Millionen Jahren brannte. Jedenfalls deutet man eine größere Anzahl von gebrannten Lehmstücken – genau 51 – als natürliche Unterlage einer Feuerstelle.

Als älteste (bisher gefundene) Feuerstelle in Europa gilt inzwischen die Höhle Sandalja 1 bei Pula in Istrien. (Wem es gerade entfallen ist: Istrien ist eine Halbinsel am Adriatischen Meer im früheren Jugoslawien). Dort hat Homo erectus offenbar vor etwa einer Million Jahren sein Fleisch gebraten.

Um nun gleich noch die weiteren Feuerstellen chronologisch anzuführen: Die ältesten Feuerstellen in Frankreich wurden bei Nizza auf dem Hügel Terra Amati entdeckt. Sie sind etwa 400 000 Jahre alt. Die ältesten, – etwa 300 000 Jahre alten – Feuerspuren in Deutschland stammen aus Bilzingsleben in Thüringen, einem kleinen Ort zwischen Erfurt und Sangerhausen. Es waren Feuerstellen vor kleinen Hütten, deren Hitze in den Steinplatten Brandrisse hinterlassen haben.

Aus der Zeit der frühen Neandertaler meldet sich nun Österreich mit der Repolusthöhle bei Peggau in der Steiermark. Dort ist die Feuerstelle älter als 250 000 Jahre. 220 000 Jahre alt sind die Feuerspuren der frühen Neandertaler in Deutschland. Auch sie stammen aus Thüringen, und zwar aus dem Örtchen Ehringsdorf, heute ein Vorort von Weimar. Und schließlich die Feuerspuren des späten Neandertalers, runde 50 000 Jahre alt. Sie fand man im Netzetal im Kreis Frankenberg in Hessen und am ehemaligen Ascherslebener See bei Königsaue in Thüringen.

Zu guter Letzt und fast modern: Die ältesten Feuerspuren vom frühen Jetztmenschen entdeckte man in der Geißenklösterlehöhle bei Blaubeuren-Weiler im Alb-Donau-Kreis. Sie sind gerade eben 30 000 Jahre alt – also just die Zeit, als Homo sapiens sapiens hier auftauchte.

Felltöpfe und ein Ochse, der sich selber kocht

Dass das Feuer zum Leuchten und Erwärmen gut war, ergab sich im Alltag sozusagen von allein. Und dass man damit Fleisch braten konnte, war wohl auch einer der Gründe, weshalb man dieses schwer beherrschbare Element überhaupt mit ins Lager nahm. Aber, wie Schiller in der »Glocke« verkündete:

»Wohltätig ist des Feuers Macht,
Wenn sie der Mensch bezähmt, bewacht.«
Wie hier Rulaman und Co. ihr Fleisch brieten, muss man nicht erklären. Auch wenn kein Augenzeuge dabei war, der es uns berichten könnte. Jede Schulklasse macht einem das heute an jedem Grillplatz vor: Kleinere Stücke werden auf einen Ast gespießt, größere Stücke kommen auf den Drehspieß – heute aus Metall, damals aus einem geraden Ast mit einer Gabelung zum Drehen. Wenn man das Fleisch nicht gleich ins Feuer legte, wo es oft genug verbrannte.

Die elegantere Methode war freilich, auf einer Steinplatte oder auf Steinen Feuer zu machen, die Glut nach einer Weile beiseite zu schieben, die Asche wegzupusten und das Fleisch auf dem erhitzten Stein zu braten – ein uraltes Vergnügen, das man sich heute ganz bequem am gedeckten Tisch mit einem so genannten »heißen Stein« machen kann.

Was aber machte Mama Rulaman, wenn sie Lust auf eine Fleischbrühe hatte? Tontöpfe waren noch nicht erfunden, es würde noch ein paar tausend Jahre dauern, bis man so weit war. Von Kupfer- oder Eisentöpfen gar nicht erst zu reden. Was nun?

Und doch brauchten die Steinzeitleute nicht auf ihre Bouillon oder ihr gekochtes Suppenfleisch zu verzichten. Die Steinzeitleute taten etwas, was wir uns gar nicht trauen würden. Sie nahmen den Tiermagen, füllten ihn mit Wasser, taten ein Fleischstück dazu und hingen das Ganze über die Feuerflammen.

Unsereiner sieht es schon richtig, wie die Magenhaut nach einer Weile in der Hitze gedörrt wird, bis sie über den Flammen durchbrennt und das ausfließende Wasser das Feuer auslöscht. Aber eben das passiert nicht, und wir haben sogar einen verlässlichen Augenzeugen. Es ist der griechische Historiker Herodot, der vor etwa 2500 Jahren gelebt hat. Bei ihm lesen wir: Die Skythen »werfen alles Fleisch in die Mägen der Opfertiere, fügen Wasser hinzu und machen darunter ein Feuer aus den Knochen, die langsam verbrennen; die Mägen nehmen das Fleisch leicht auf, wenn es von den Knochen gelöst ist; so dient der Ochse dazu, sich selbst zu kochen.«

Das klingt so, als wenn man auf offenem Feuer Wasser auch gleich in einer Papiertüte

Hier macht Rulaman gerade mit heißen Steinen seine Suppe im Fell heiß.

erhitzen könnte. Das Erstaunliche ist nur: Es geht – man kann tatsächlich Wasser in Papier kochen, ohne dass das Papier auch nur angesengt wird.

Probieren Sie es selbst aus, nehmen Sie eine Postkarte, also etwas dickeres Papier, falten Sie an den vier Seiten einen etwa daumenbreiten hohen Rand auf, der die etwas wackelige Geschichte versteifen hilft, füllen Sie Wasser in das kleine Bassin und halten Sie das Ganze über eine brennende Kerze. Die Flamme darf ruhig das Papier berühren – es passiert nichts, außer dass Sie in kurzer Zeit kochendes Wasser in der Postkarte haben. Das Wunder erklärt sich aus der Tatsache, dass selbst kochendes Wasser das Papier derart kühlt, dass trotz der Flamme die kritische Zündtemperatur für Papier nicht erreicht wird.

Das klappt erst recht, wenn Sie eine ganze Tierhaut nehmen und sie an vier Ecken so auf Stöcken befestigen, dass die Haut einen Wok bildet. Füllen Sie ihn mit Wasser und Fleisch, machen Sie ein Feuer darunter und kochen Sie Ihr Süppchen.

Jemand, der diese Methode vor ein paar Jahren ausprobiert hat, hat sich höchstens darüber beklagt, dass in seinem Felltopf das Wasser nicht heiß genug wurde, aber da war er wohl zu ängstlich gewesen: Er hatte sein Fell nicht tief genug über die Flammen gehängt. Er hängte das Fell jedenfalls beim nächsten Mal tiefer. Und siehe da, es gelang ihm bei einer Außentemperatur von

Was sie konnten – Entdeckungen und Erfindungen

nur neun Grad, das Wasser auf über neunzig Grad zu erhitzen, sodass die Getreidekörner darin gar wurden.

Eine andere Methode, mit der man einen mittelalterlichen Fund in Irland experimentell nachprüfte, bestand darin, Wasser in einer mit Fell ausgekleideten Kuhle im Boden zu erhitzen. Es war sozusagen das System Tauchsieder: Man erhitzte nebenan in einem offenen Feuer Steine. Die heißen Steine wurden in die gefüllte Kuhle geschoben, wo sie nun wiederum das Wasser erhitzten, indem sie ihre Wärme abgaben. Moderne Experimente haben gezeigt, dass das Verfahren durchaus funktioniert. Binnen einer halben Stunde brachte man auf diese indirekte Weise das Wasser zum Kochen und musste nur ab und zu einen heißen Stein nachwerfen, wenn das Wasser abkühlte.

Auch wenn wir jetzt nicht gleich an Haute Cuisine denken – wir müssen uns unsere Vorfahren in den schwäbischen Höhlen jedenfalls nicht mehr nur als wilde Gesellen vorstellen, die mit ihren Furcht erregenden Gebissen rohe Fleischstücke von Bärenknochen fetzten oder die halb verkohlte Keulen aus dem Feuer zogen, um darunter noch ein wenig halb rohes Fleisch herauszunagen.

Da hat Mama Rulaman ihren lieben Kleinen auch nicht immer nur vorgekautes rohes Fleisch in den Mund stopfen müssen, da gab es auch schon mal ein Stück gekochtes Fleisch und ein warmes Gemüse- oder Körnerbreichen.

Und was gab es noch zu essen? Bevor die mehr oder weniger nomadischen »Jäger und Sammler« sesshaft wurden, Haustiere hielten und Felder bestellten, heißt die Antwort:

Pilze, Beeren und Früchte

Im Gegensatz zum Jagdwild, das man rund ums Jahr erlegen konnte, gibt es Beeren und Früchte nur zu bestimmten Jahreszeiten. Das hieß also: Man musste herausfinden und sich merken, wann und wo diese oder jene Früchte reiften, denn in den gemäßigten Breiten mit ihren Jahreszeiten gab es eben nicht wie im Urwald jederzeit essbare Früchte.

Und das hieß vor allem: Man musste Vorratswirtschaft betreiben, wenn man auch in der Zwischenzeit etwas davon haben wollte – und das mit einem Lebensmittel, das, im Gegensatz zu Nüssen, meist nur kurze Zeit haltbar war und leicht verfaulte.

Bei der Frage, wie man das damals machte, sind wir weithin auf unsere Fantasie und den Common Sense angewiesen. Dass man Pilze, Beeren und Früchte durch Trocknen und Dörren haltbar machen konnte, ist den Steinzeitleuten sicher irgendwann einmal aufgegangen. Irgendwann haben sie eine in der Sonne verschrumpelte Frucht gefunden oder sich gewundert, wie sich Beeren veränderten, wenn sie sie über Nacht auf einem warmen Stein am Feuer liegen ließen.

Mit der plötzlichen Haltbarkeit war aber noch lange nicht die Frage gelöst, wo und wie man denn nun dieses Dörrobst auch aufheben konnte. Was man im Urwald nicht kannte, war hier auf einmal von größter Wichtigkeit: Vorratshaltung. Und zwar eine Möglichkeit der Aufbewahrung, die nicht nur vor Nässe und Feuchtigkeit schützte, sondern vor allem auch vor hungrigen Mäusen und anderem Getier.

Die einfachste Methode war, die Lebensmittel in eine Tierhaut zu stecken und das

Felle waren für vieles gut: für Schuhwerk, als Kleidung, als »Töpfe«, Beutel, Bespannungen, Decken oder Zeltdächer.

Bündel an einem Stecken in einem Felsenritz zu befestigen. Da hingen sie frei in der Luft und waren vor allem möglichen Getier sicher. Das Problem war nur: Größere Mengen waren auf diese Weise nicht zu speichern.

Die alten Griechen hatten dafür ihre mannshohen Amphoren – die Steinzeitmenschen mussten noch ohne Steingut auskommen, und die Schüsseln, die sie mühsam aus Holz herausschlagen konnten, waren ständig zu klein. Erst in der jüngeren Steinzeit endete dieses »akeramische Zeitalter«, als man lernte, Ton zu brennen – auch das mit Sicherheit eine zufällige Entdeckung, als man eines Tages bemerkte, das bestimmte Erdstücke plötzlich formstabil und wasserundurchlässig waren, wenn sie im Feuer gelegen hatten.

Sie kannten auch noch keine Holzkästen oder Truhen, sie konnten bestenfalls Holzstämme aushöhlen und die Öffnungen mit Steinplatten abdecken und mit Lehm zuschmieren. Oder – und das ist zum Beispiel aus einer eisensteinzeitlichen Siedlung im englischen Little Woodbury nachgewiesen, und man könnte sich vorstellen, dass auch schon die Menschen der Steinzeit diese Technik kannten – sie gruben tiefe Gruben in den Kalkstein, die sie zu ebener Erde verschließen konnten und auf die sie Dung und Abfälle häuften. Einmal um sie zu versiegeln, wie es später auch bei den alten Germanen Brauch war. Aber auch aus einem anderen Grund: Die Hitze des Dungs half dabei, den Inhalt der Grube zu konservieren.

Derartige Vorratsgruben, die bis zu einem Meter tief waren und bis zu zwei Kubikmeter fassen konnten, hatten aber nur Sinn, wenn schon eine gewisse Sesshaftigkeit gegeben war. Es hatte ja keinen Sinn, Vorräte anzulegen und dann wegzuwandern.

Gemäß dem Sponti-Ausspruch »Sperrgut macht ansässig« stand eine derartige Vorratswirtschaft also nicht am Anfang der Entwicklung. Später, als man gelernt hatte, mit Holz umzugehen und auf Dauer in Holzhäusern oder Pfahlbausiedlungen lebte, konnte man die Vorratshaltung sogar auf »eigene Beine stellen«, möglichst mittendrin durch flache Steinplatten unterbrochen, sodass die Mäuse nicht einfach die Pfähle hochflitzen konnten. Das »Kornhaus« war erfunden.

Wie man aus den Körnern Mehl machte und sein Brot buk, werde ich erzählen, wenn wir im Neolithikum angekommen sind.

Fellröcke und Pelzmäntel

Wer einmal einem Kaninchen das Fell über die Ohren gezogen hat und ein paar Tage später versucht, das getrocknete Fell einzurollen, kann sich nur wundern, wie prasseldürr und pergamentartig so eine Haut werden kann. Da war auch in der Steinzeit guter Rat teuer und helfen konnte auch hier nur der Zufall und das Ausprobieren.

So kann man die Haut so lange nach allen Seiten hin strecken und dehnen, bis sie trocken und man selber kaputt ist. Dann ist sie zwar einigermaßen geschmeidig, aber gegerbt ist sie deswegen noch lange nicht. Oder man macht es wie die alten Ägypter, die ihre Häute in salzhaltigen Wüstenseen im wahrsten Sinne des Wortes ein»weich«ten. Rulaman und Co. konnten den gleichen Effekt in Salzlauge erzielen – wenn sie schon Salz hatten.

Anderenfalls waren für den Homo erectus die Tümpel im Wald ein guter Ersatz für die salzhaltigen Wüstenseen, vollgesogen mit den Gerbstoffen der Eichen und Kastanien, wie sie nun mal waren. Es sei denn, sie räucherten die Felle, ein Effekt, der so oder so auch später ganz von allein zustande kam, wenn sie in ihren Fellen rund ums Feuer saßen.

Nadel und Faden

Zunächst musste die steinzeitliche Haute Couture die Damen und Herren aber überhaupt erst einmal einkleiden. Das war relativ einfach. Zum Zuschneiden hatte man frisch zugeschlagene Steine mit scharfen Kanten, als Nähgarn benutzte man Sehnen, Hautstreifen, Bast oder Binsen und als Nadel einen zerschlagenen Röhrenknochen mit scharfer Spitze. Später verstand man es sogar, diesen Pfriem an einem Ende mit einem spitzen Stein zu durchbohren, sodass eine richtige Nadel mit Nadelöhr entstand.

Was man alles damit herstellen konnte, kann man sogar zum Teil noch beim Ötzi sehen, dem im ewigen Eis konservierten Steinzeitmenschen – er trug nur Leder- und Fellkleidung, und seine »Socken« in den Lederschuhen bestanden aus Heu.

... und Erfindungen

Bekanntlich sind drei frühe Epochen der Menschheitsgeschichte schlicht und einfach nach einem Material benannt – Steinzeit, Bronzezeit, Eisenzeit – und wir leiten daraus ab, dass diese Materialien das jeweils beherrschende Element des Lebens waren.

Dabei machen wir uns eigentlich nie klar, was wir unter beherrschend verstehen. Meinen wir damit neu, häufig, unentbehrlich? Warum gibt es dann keine Fell-, Holz- oder Keramikzeit?

Oder – was im Kampf ums Überleben ja nicht unwichtig ist – nehmen wir zum Maßstab, aus welchem Material die Waffen bestanden? Gegen den Holzknüppel kommt

In der Jungsteinzeit konnte man schon regelrechte Jacken, Hosen und Kleider nähen.

ein Bronzeschwert nun einmal besser an und setzt sich durch. Nennen wir unsere Gegenwart deshalb oft »Atomzeitalter«? Ginge es nach dem neu aufgetauchten und oft benutzten Werkstoff, könnten wir uns ja sonst auch Plastikära nennen. Nähmen wir eine charakteristische und neue Arbeitsmethode zum Maßstab, böte sich das Computerzeitalter an ...
Oder definieren wir vergangene Epochen nach dem, was überdauert hat, was übrig geblieben ist?

Es scheint tatsächlich so: Als 1949 ein Archäologe die Ansicht äußerte, vor der Bearbeitung von Steinen habe es eine »Knochen-Zahn-Horn-Kultur« gegeben, gab es Kritik. Dabei scheinen weitere Funde diese These zu rechtfertigen, dass die Urmenschen zum Beispiel gespaltene Röhrenknochen und Schädel von Tieren als Werkzeuge benutzten wie davor schon Knüppel und Geröllsteine. Oder wie es »Das große Bilderlexikon des Menschen der Vorzeit« formuliert: »Wahrscheinlich ging der Zeit, in der der Vormensch einfach Steinwerkzeuge herstellte, eine lange Periode voraus, in der er ähnliche Gegenstände verwendet hatte, die schon von Natur aus eine ihm zusagende Form oder Eignung besaßen. Sicherlich hat es sich um Holzknüppel und Zweige gehandelt, die als Keulen und Hebel dienen konnten, oder um Geröllsteine, die sich zum Schlagen und Werfen eigneten.«

Nur eben: Dieses Material war vergänglich oder nicht mehr als Werkzeuge erkennbar, sodass das Einzige, was der Wissenschaft jetzt zur Verfügung steht, oft nur bearbeitete Steine sind, die damit den Namen Steinzeit rechtfertigen.

Ein steiniger Weg

Als der Mensch vor etwa zwei Millionen Jahren entdeckte, dass ein Stein nicht nur zum Zuschlagen und Hämmern gut war, sondern dass er sich, wenn man Glück hatte, auch zum Zertrennen, Schneiden und Aufspießen eignete, war das ein Riesenschritt vorwärts zum aktiven Beherrschen der Welt. Man benutzte nicht einen schon vorhandenen Stock zum Heranangeln, zum Werfen oder Zuschlagen – man bearbeitete und veränderte einen Stein, um mit ihm wieder andere Gegenstände bearbeiten zu können. Es war eine neue Qualität im Werkzeugdenken.

Angefangen hat die »Steinzeit« wohl mit dem steinernen Hackmesser. Dieses erste erkennbar von einem Menschen gemachte und benutzte Werkzeug wurde aus handgroßen, abgerundeten Geröllsteinen, also etwa aus Kieseln von Flussufern, hergestellt.

Die Bearbeitung bestand darin, dass man jahren gegen eine Felswand warf oder mit einem anderen Stein solange auf ihn einschlug, bis ein oder zwei Splitter absprangen und dadurch eine Kante oder Spitze entstand – eine simple Methode und ein außerordentlich primitives Werkzeug. Aber ein Anfang war gemacht. Australopithecus konnte damit immerhin vielleicht Fleisch und Sehnen zerhacken, oder besser zerquetschen und durchtrennen.

Woran erkennt man aber, ob ein Stein von Menschenhand bearbeitet wurde oder ob abgeschlagene Stellen auf natürlichem Wege entstanden sind, so etwa durch Frostabsprengungen oder Gluthitze?

Es gibt verschiedene Kriterien. Einmal: Schlägt man mit einem Stein bei einem anderen ein Stück ab, entsteht, für den Fachmann erkennbar, an der Schlagstelle eine charakteristische Beule an der Gesteinskante, der so genannte Bulbus. Oft noch mit einer Schlagnarbe daneben, und quer über den Stein Schlagwellen und Strahlensprünge, kleine, strichartige Verletzungen im Gestein.

Zum anderen: die Fundstelle. Findet man einen offenbar bearbeiteten Stein, möglichst noch mit Steinabschlägen, in einer für ihn untypischen Umgebung – etwa in einer Lössschicht –, dann kann er nur von einem Menschen liegen gelassen worden sein.

Und drittens: die Steinart selbst. Die Menschen der Altsteinzeit lernten es bald, die Eigenschaften der verschiedenen Steinarten zu unterscheiden. Sie bevorzugten natürlich diejenigen, die sich am besten zur Herstellung scharfer Kanten eigneten, also: Feuersteine, Hornstein, Quarz und Jaspis, aber auch Kiesel, Kristall, vulkanisches Glas oder Obsidian. Kalksteine und Kalktuff, Basalt und Sandstein waren dagegen weniger beliebt, weil zu weich und daher weniger geeignet.

Waren diese ersten Faustkeile noch grob geformt und ließen große Teile der ursprünglichen, unbearbeiteten Form erkennen, wa-

Steinerne Handwerkszeuge wie Messer gab es in tausend Varianten.

Was sie konnten – Entdeckungen und Erfindungen

ren die Faustkeile der so genannten »Acheuléen«-Stufe schon rundum »beschlagen« und bearbeitet. Benannt nach der kleinen Ortschaft Saint-Acheul im Tal der Somme in Frankreich sind diese Faustkeile des Homo erectus außer ihren vielen Schlagkanten vor allem am Material erkennbar. Dieser typische Faustkeil, der vor etwa einer halben Million Jahren zum ersten Mal auftauchte und sich rasch über Europa bis nach Indien ausbreitet, besteht aus Flintstein.

Dieser Flint- oder auch Feuerstein ist ein Quarz und mit dem Jaspis verwandt. Er kommt oft in Knollenform vor, seine Farbe ist blaugrau, oft auch bräunlich verfärbt und – entscheidend – er splittert, etwa im Gegensatz zu Granit, in glatten sauberen Kanten. Vor allem aber: Frisch geschlagener Feuerstein ist so scharf und leistungsfähig, dass man mit ihm nicht nur Knochen, Geweihe, Hörner und Holz schneiden und ritzen kann, sondern sogar auch fast jeden anderen Stein.

Im Lauf der Zeit – und da geht es immer gleich um hunderttausende von Jahren – gelangten die Menschen zu einer unglaublichen Fertigkeit bei der Herstellung dieser Steinwerkzeuge. Waren es am Anfang einfach

Dolchartige Formen mit gerader Klinge als Waffe oder Messer herzustellen, gehörte zu den Kunstfertigkeiten der Steinzeit.

nur zufällige Bruchkanten, entstanden irgendwann die ersten Klingen. Offenbar hatte man entdeckt, dass man viel besser schneiden und trennen konnte, wenn der Stein nicht nur eine einzige scharfe Schlagkante hatte, sondern wenn ein paar davon aneinandergereiht waren. Wollte man etwas trennen, musste man nicht mehr drücken und quetschen. Man zog jetzt Kräfte sparend eine lange scharfe Kante über das Fell und bekam in einem Arbeitsgang einen glatten Schnitt.

Man musste nur lernen, den länglichen Stein in einer Linie und so eng nebeneinander abzuschlagen, dass eine zusammenhängende Klinge entstand. Am Anfang sahen diese Klingen noch wie aufgereihte Girlanden aus, die an den Schlagstellen durchhingen. Aber auch da: Übung macht den Meister. Eines Tages hatte man gelernt und fertig gebracht, in einem weiteren Arbeitsgang die Girlandenklinge zu begradigen. Dazu erfand man sogar eigens eine neue Methode. Bisher hatte man mit der einfachen Schlagtechnik gearbeitet: Stein traf auf Stein und man hatte Glück, wenn er so sprang, wie man wollte. Es war, als wenn ein Bildhauer mit dem bloßen Hammer auf eine Statue losginge, um eine Venus herauszumeiseln.

Die neue, so genannte »Drucktechnik« benutzte zwar auch noch einen Stein als Schlagstein, aber zwischen Werkstück und »Hammer« trat jetzt ein neues Werkzeug, der Meisel. Das konnte ein kleinerer spitzer Stein sein, ein spitzes Holz- oder Geweihstück, das man mit der einen Hand präzise platzieren konnte, um mit dem »Hammer« in der anderen Hand so sanft zuzuschlagen, dass man das überflüssige Stück Stein mehr wegdrückte als abschlug.

Auf diese Weise entstanden die blattspitzenförmigen Steinmesser mit nahezu geschliffen gerader und schmaler Klinge. Wenn man sie genau betrachtet, kann man an ihnen den gröberen ersten Abschlag mit den größeren Kerbungen deutlich von der folgenden Feinbearbeitung mit dem Meisel unterscheiden. Diese Technik wird in der Fachliteratur nach entsprechenden Funden in einem Pariser Vorort als »Levallois-Technik« bezeichnet.

Pechsträhne

Und schon war die nächste Erfindung fällig. Was konnte man tun, um die Schärfe der Klinge voll auszunutzen? Wir wissen ja aus eigener Erfahrung, dass man mit einem Messer besser schneidet, wenn man die Klinge fest auf das harte Schnitzel drücken kann. Das ging beim Steinmesser nicht: Drückte man von oben auf die Steinklinge, schnitt man sich selber in den Finger. Fasste man die Klinge mit Daumen und Zeigefinger an den Seiten an, fehlte der Druck nach unten. Aber zum Glück hatte man Pech.

Man nahm einen Holzstab, kratzte der Länge nach eine Nut hinein, füllte ihn mit frisch gekochtem Birkenpech, steckte das Steinmesser dazwischen, ließ das ganze erkalten und hatte am nächsten Morgen eine wunderbare Messerklinge mit Holzgriff. Es war eine so wunderbare Erfindung, dass die Basken davon bis heute ihr Wort für Messer ableiten, ein Kompositum mit der Bedeutung »Stein, der schneidet«.

»Erfunden« wurde dieser erste Leim der Menschheit etwa in der Mittleren Altsteinzeit, also vor rund 80 000 Jahren, geradezu üblich scheint das Birkenpech zwischen 9500 und 4500 gewesen zu sein, jedenfalls fand man diesen Allzweck-Klebstoff in zahlreichen Lager- und Siedlungsplätzen jener Zeit. Anscheinend konnte man das Pech mit relativ einfachen Mitteln problemlos und in beliebigen Mengen aus Birkenrinde herstellen. Man brauchte es ja auch oft und gern.

Jetzt endlich konnte man Pfeil- und Speerspitzen fest in die Schäfte und Röhrenknochen einkleben, ohne sie, wie bisher, mit Bast festzurren zu müssen. Man konnte nicht nur Messer, sondern auch Werkzeuge wie Hacken und Beile besser und haltbarer schäften. Man konnte, im Falle eines Falles, zerbrochene Keramik flicken, man konnte Holz abdichten und zusammenkleben und man konnte es – selbst schon damals in der Steinzeit! – als eine Art Kaugummi benutzen. Jedenfalls hat man Birkenpech mit Kauspuren und Zahnabdrücken gefunden.

Birkenpech kann daher, wie ein Lexikon schreibt, »mit Fug und Recht als der älteste Kunststoff der Menschheit bezeichnet werden«.

Damit war die Entwicklung der Steinwerkzeuge noch längst nicht beendet. Eines Tages entdeckte man, dass ein Schlagstein mehr Schwung und Wucht bekam, wenn man ihn mit einem Stiel versah – der Hammer war erfunden. Machte man an einen spitzen Schlagstein einen längeren Stock, hatte man auf einmal eine Hacke. Nahm man einen Stein mit scharfer Kante und verband ihn mit einem armlangen Stock, bekam man eine Art Messer, mit dem man ausholen und Holz spalten konnte. Das Beil war erfunden und man konnte auf Baumstämme einschlagen, bis sie, wie von Bibern benagt und ausgehöhlt, umfielen.

Steinzeit selbst erleben

Jeder kennt von Bildern oder aus Museen solche mehr oder weniger gezackten Faustkeile mit ihren scharfen Bruchkanten. Und wer hat sich da nicht gefragt, wie solche Dinger denn nun tatsächlich schneiden; ob man wirklich mit einem Steinzeitbeil einen Baum fällen kann, und wie endlos lange das vielleicht dauert – oder wie man am besten ein Steinmesser benutzt und in der Hand hält, um sich nicht an den vielen scharfen Kanten zu schneiden.

Hier haben nun Archäologen das einzig Richtige getan, was man Wissenschaftlern oft gar nicht zutraut – sie haben es ausprobiert. Sie haben Steine geklopft, scharfe Kanten geschlagen, Felle und Knochen geschnitten. Sie haben Steinbeile hergestellt, sind damit in den Wald gegangen und haben Holzfäller gespielt.

Das Ergebnis kann der Laie in Büchern nachlesen wie »Erlebte Steinzeit – Experimentelle Archäologie« oder »Steinzeit selbst erleben – Waffen, Schmuck und Instrumente nachgebaut und ausprobiert«.(Der Fachmann hat es da etwas schwerer: Er hat die Wahl unter weit mehr als 500 Fachartikeln zum Thema.)

Experte auf dem Gebiet der Steinbearbeitung war François Bordes (1919–1981), ein Archäologe der Universität Bordeaux, der im Lauf der Zeit 63 verschiedene Typen von Steinwerkzeugen und Gegenständen von vor 12 000 Jahren hergestellt hatte. Und die oft so täuschend echt, dass es schwer war, die Nachahmung vom Original zu unterscheiden. Am Ende waren es mehr als 100 000 nachgemachte Steinwerkzeuge, die er auf Lager hatte. Kein Wunder, dass es diesem Gelehrten gelang, einen brauchbaren Faustkeil in wenigen Minuten zurecht zu schlagen.

Man kann es ja selber probieren: Um an einem Quarzitklumpen eine rohe, aber brauchbare Schneidekante herzustellen, braucht man mit einem anderen »Hammer-Stein« nur drei- bis viermal zuzuschlagen, aber – obwohl die Gefahr gering ist – bitte lieber mit Schutzbrille.

Nun ging das sicher nicht jedem Neandertaler so flott von der Hand wie dem Professor, jedenfalls nicht am Anfang, denn damals musste jeder noch alles selber lernen und können, es gab keine Spezialisten und keine Berufe. Aber die Zeitangabe ist immerhin ein Anhaltspunkt: Wurde ein Steinkeil stumpf oder ging verloren, war es jedenfalls keine Haupt- und Staatsaktion, in überschaubarer Zeit Ersatz zu schaffen.

Dass in einem älteren Experiment ein Steinbeil von mäßiger Härte nicht nur aus der Flintknolle in Form geschlagen, sondern auch noch geschliffen, in vier Stunden fertig war, klingt dagegen unwahrscheinlich. Jedenfalls dauert allein schon das Schleifen und Schmirgeln eines härteren Steins deutlich länger.

Wahrhaft verblüffend – und verbürgt! – ist aber die Zeit, in der Neandertaler mit simplen Steinbeilen einen Baum fällen konnten. Eine Kiefer mit einem Durchmesser von 40 Zentimetern war nach 21 Minuten gefällt, eine Tanne, 13 Zentimeter im Durchmesser, fiel schon nach drei Minuten.

Das Durchbohren eines Steins dauerte da schon einiges länger. Wobei man neugierig überlegt, wie man denn überhaupt ohne jeden Metallbohrer ein zentimeterlanges,

Eine unendliche Mühsal, mit Stöcken und feuchtem Steinmehl Löcher in Steine zu bohren, um Äxte, Hämmer und Pflugscharen herzustellen. Dass es oft genug gelang, zeigen die Exponate in den Museen.

kreisrundes Loch durch einen Stein bohren kann. Erste Experimente zeigten, dass man eine Steatitaxt in mühseliger Kleinarbeit mit Feuersteinsplittern durchbohren kann. Besser gelang der Versuch jedoch mit einem ganz simplen Holzstock.

Man füllt in eine kleine Vertiefung oder Delle des Steins Sand, macht ihn nass und zwirbelt den Holzstock in dem Sand. Das geht am besten so, indem man den Stock in die Sehne eines Bogen eindreht, dass sich der Stock nach der Methode Drillbohrer viele Male um sich selber dreht, wenn man den Bogen nur einmal vorwärts oder rückwärts bewegt. Drückt man mit der linken Hand den Stock in den nassen Sand und zieht und schiebt man mit der rechten den Bogen hin und her, ist es nur eine Frage der Zeit, bis sich der Stock mit dem schmirgelnden Sand durch den Stein gedreht hat. Freilich, es dauert: Nach zwei Stunden emsiger Zwirbelei hat man den Stein 0,3 Millimeter tief angebohrt. Ein ganzer Millimeter wäre also nach gut sechs Stunden, ein Zentimeter nach 60 Stunden erreicht – und zwei, drei Zentimeter sind es bestimmt im Ganzen ...

Da ging das Auseinandersägen von Steinen schneller. Mit einem spitzen, harten Stein wurde eine Linie in den Stein geritzt, die Rille vertieft und mit nassem Sand gefüllt. Dann fuhr man mit einer Holzschindel oder einem Knochen in der Rille auf und ab und schmirgelte sich so allmählich durch den Stein. Oder – und das klingt verrückt – man sägt den Stein mit cinem Strick durch. Man kann nämlich auch an Stelle von Knochen oder Holz einen aus Binsen gedrehten »Strick« nehmen und den straff gespannt in der sandigen Rille hin- und herziehen.

Mit dem Pfeil, dem Bogen

Erfindungen der Steinzeit müssen, auch wenn die Assoziation nahe liegt, nicht immer nur mit Stein zu tun haben. Schließlich muss alles, was man nicht von der Natur abgucken kann, erst einmal ausgedacht und damit ge- und erfunden werden. Ganz gleich, ob das Schuhe sind, Knöpfe, Schnallen, Löffel oder viele andere Gegenstände des »täglichen« Lebens wie Körbe, Hüte, Sägen oder – Pfeil und Bogen als Fernwaffe.

Dass man – im Gegensatz zum Tier – über die eigene Reichweite hinaus etwas er»reichen« kann, zeigt jeder Stein- oder Speerwurf. Das ist eine Erfahrung der Praxis, schon wenn man etwas ungezielt wegwirft. Aber die innere Spannung eines gewaltsam gekrümmten Astes mit einem Strick zu regulieren und auszunutzen, um gezielt einen kleinen Speer wegzuschießen – das war schon eine geniale Erfindung, die sich für Jagd und Kampf ausnutzen ließ.

Rulaman und Genossen mussten nur noch herausfinden, welche Hölzer sich leicht und elastisch biegen ließen, ohne zu brechen. Bei dem Ergebnis sind wir da nicht einmal auf Probieren oder gar Raten angewiesen: Ötzi, der vor 5000 Jahren im Similaungletscher erfrorene und im Eis konservierte Steinzeitmann, hatte Pfeil und Bogen bei sich. Der Bogen bestand aus Eibenholz, die 14 erhaltenen Pfeile waren zum Teil aus Haselnuss, zum Teil aus markreichen, also leichteren Hölzern, einige mit steinernen Spitzen, einige – bisher einmalig! – mit Knochenspitzen, einige im Rohzustand.

Der Grund offenbar: Pfeile mit unterschiedlicher Ballistik haben auch unter-

Steinerne Pfeilspitzen (oben), **Pfeile und Bogen** – die steinzeitliche Waffenfabrik in Neuauflage.

schiedliche Durchschlagskraft, und man kann vermuten, dass nicht nur Ötzi die Pfeile den Beutetieren entsprechend einsetzte, je nachdem, ob es sich um kleinere Wildtiere wie Vögel handelte oder um Großwild.

Wie perfekt die Pfeile damals schon waren, wissen wir auch nur durch Ötzi, denn solche Details haben sich nur im ewigen Eis und sonst bei keinem Fund erhalten. An zwei Pfeilenden waren sogar noch Federreste oder, um es fachgerecht auszudrücken, war die Befiederung vorhanden. Sie dient zur Stabilisierung des Flugbahn, und man kann sich nur wundern, wie damals schon Menschen auf solch technische Details und Verbesserungen gekommen sind.

Das Rad wird erfunden

Es ist eine Binsenwahrheit, dass man den Wert einer Sache oft erst dann erkennt, wenn man sie nicht mehr hat. Man stelle sich nur einmal vor, wir lebten in einer Welt ohne Rad. Unsere Welt würde zusammenbrechen. Wenn man nicht Ochs und Esel beladen oder eine Stangenschleife benutzen würde, eine Abart des Schlittens auf dem Trockenen, wie sollte man sonst Sachen transportieren, wie sollte man schwere Gegenstände bewegen? Unsere Mobilität wäre dahin. Wir wären wieder in der sprichwörtlichen Steinzeit, nur dass denen damals die längste Zeit nicht einmal Ochs und Esel zur Verfügung standen.

Hatten unsere Vorfahren in den Wälder und fern vom eigenen Lager einen Bären erlegt, blieb ihnen nichts anderes übrig, als ihn in Stücke zu zerlegen oder das ganze Tier bis ins Lager zu schleifen, wenn sie nicht gleich ihr eigenes Lager verlegen wollten.

Immerhin: Das Schleifen und Rutschen musste man nicht erfinden, man entdeckte einfach, dass man Gegenstände auf ein Fell legen und über gewisse Strecken wegziehen konnte. Oder man band Äste und junge Stämme zusammen und baute eine Art Rutsche, die eben erwähnte Stangenschleife. Dass dies keine moderne Projektion in die Vergangenheit ist, zeigt ein altes Felsbild aus dem Val de Fontanable am Mont Bégo in den Seealpen. Darauf ist ein Rindergespann dargestellt, das zwischen sich eine solche Rutsche zieht. Ein Original dazu und jetzt 5000 Jahre alt wurde dann sogar in Chalain im französischen Jura ausgegraben.

Anders das Rad. Da machte die Natur nichts vor, was man abgucken konnte, das Rad musste man eigens erfinden. Natürlich hatten sie damals schon beobachtet, dass runde Gegenstände wie kugelförmige Steine ohne fremde Hilfe an einem Abhang lange Strecken rollend zurücklegen konnten. Das gleiche konnte man auch an Stöcken und Baumstämmen beobachten, die von allein Hügel hinabrollten oder die man in der Ebene um sich selber drehen konnte.

Aber was nützte diese Entdeckung unseren Vorfahren? Das erlegte Mammut oder den großen Stein konnte man nicht auf einen Baumstamm legen und wegziehen – im Wald schon gar nicht. Da war es schon ein genialer Einfall der Ägypter, im offenen Gelände einfach noch einen Baumstamm und noch einen und noch einen nebeneinanderzulegen, das Tier oder den Stein daraufzuwuchten und dann von hinten zu schieben und wegzurollen. Anders hätten die Ägypter die riesigen Steinblöcke nicht bewegen können, aus denen sie die Pyramiden bauten. Mit Sicherheit sind übrigens

Aus dem radlosen Transportmittel einer Stangenschleife wurde zuerst eine Schubkarre, aus der später mit zwei Räderpaaren der Wagen entstand – eine der großen Erfindungen der Menschheit.

auch die Steinsäulen von Stonehenge so bewegt worden.

Das Verfahren hatte nur den Nachteil, dass man ständig die hinten freiwerdenden Baumstämme oder Rollen nach vorn schleppen und wieder unterlegen musste, weil man sonst den transportierten Gegenstand von den Stämmen oder Rollen heruntergeschoben hätte.

Hier rollte zwar etwas, aber es war noch kein Rad. Die entscheidende Erfindung bestand nun darin, die Rollen fest mit einer Ladefläche zu verbinden und trotzdem beweglich zu halten. Das Zauberwort heißt Radachse. Man musste erreichen, dass die Rollen von allein unter der Ladefläche blieben. Das ging, wenn die Rollen in einer halbrunden Aushöhlung, also einer Art Lager, liefen, aus der sie nicht herausspringen konnten. Der Nachteil war nur der große Widerstand eines Stammes, wenn Holz auf Holz mahlt. Der entscheidende nächste Schritt: Man nahm einen dünnen, geraden Stamm, der sich mit weniger Widerstand in der Achshöhlung drehte und steckte links und rechts große schmale Holzscheiben auf und befestigte sie. Genau ein solches hölzernes Rad wurde 1969 im Ried des Federsees entdeckt.

Nach radiometrischen Untersuchungen der Fundschicht ist dieses bisher in Mitteleuropa einzige gefundene Rad zwischen 2880 und 2505 vor Christus entstanden, ist also heute nahezu 5000 Jahre alt. Zum Vergleich: Erste andere Funde von Wagen oder Wagendarstellungen aus der Mitte des vierten Jahrtausends vor Christus stammen aus dem Alpenvorland, aus Südpolen (Bronocice), aus dem Nordkaukasus (Majkop-Kultur, heute zu Russland), aus Mesopotamien und von der Induskultur (Harappa).

Die starre Achse war noch nicht ideal, aber der entscheidende Durchbruch war geschafft. Jetzt musste man »nur« noch erfinden, dass sich nicht mehr die starre Achse im Wagenrahmen drehte, sondern die Räder auf der fest montierten Achse. Wir finden sie in der Bronze- und Eisenzeit als Selbstverständlichkeit.

Wie sie träumten – Kunst, Magie, Religion

Auf dem langen Weg vom Tier zum Menschen, vom »Pithecanthropus« zum Homo sapiens gibt es nicht nur die oft auch sichtbaren organischen Entwicklungsstufen wie den aufrechten Gang oder Veränderungen im Gesichtsschädel. Auch das Werkzeugdenken hat in dieser Zeit vom primitiven Benutzen zum Entdecken und Entwickeln von Instrumenten geführt, die die Beherrschung der Umwelt erleichterten. Bei beiden Entwicklungslinien besteht dabei ein Zusammenhang zwischen Anpassung und Entwicklung, zwischen Nutzen und Vorteil, Leben und Überleben.

Zweckfreies wie Kunst oder Selbstreflexion sind nicht vorgesehen. Ich bin im Kampf ums Dasein nicht besser gerüstet, wenn ich eine hübsche Kette um den Hals habe oder einen Stich von Dürer an der Wand. Aber mich und mein Lebensgefühl auch durch derart zweckfreie und im eigentlichen Sinne nutzlose Dinge ausdrücken und beeinflussen zu können, macht das Menschtum aus. Es ist das, was wir dem Tier voraus haben.

Ich habe auch keinerlei Vorteil von der Tatsache, dass ich den Unterschied zwischen Vergangenheit, Gegenwart und Zukunft, zwischen Geburt, Leben und Tod kenne und wahrnehme. Aber *dass* ich den Unterschied wahrnehme und reflektieren kann, *dass* ich nachdenken kann, was nach meinem Tod kommt, ist eine der Wurzeln, aus denen Magie, Religion und Glaube entstehen.

Es ist an der Zeit, dass wir uns jetzt nach allem technischen Fortschritt auch mit diesem Teil der »Menschwerdung« beschäftigen.

Stiere an der Decke

Es ist ein Kuriosum, dass wir die Kunst der Vorzeitmenschen schon kannten, bevor wir überhaupt wussten, dass sie hier gelebt haben. Angefangen hatte es um 1840 mit dem französischen Notar und Hobbyhöhlenforscher Brouillet, der in einer Grotte bei Savigné im Département Vienne ein Knochenstück mit zwei eingravierten Hirschkühen fand. Er hatte so etwas noch nie gesehen, aber auch keiner der Altertumsforscher, die er fragte. Der Knochen war uralt, das war sicher. War er keltisch? Kelten waren die älteste Kultur, die man nördlich der Alpen kannte. Aber auch als man etwa zur gleichen Zeit in einer Höhle in Veyrier bei Genf einen ganz ähnlichen Fund machte, kam man zu keiner Entscheidung und man vergaß die Sache.

Das änderte sich erst rund 20 Jahre später, als man im heutigen Departement Ariège bei Ausgrabungen auf eine völlig unberührte Schicht Knochen längst ausgestorbener Tierarten und ein Stück Hirschgeweih stieß, in dem mit deutlichen Linien ein Bärenkopf eingraviert war. Das Besondere diesmal war aber, dass diese Knochen zusammen mit Steinwerkzeugen gefunden

»Toros«, Stiere, waren von Anfang an Leitmotiv und Erkennungszeichen steinzeitlicher Höhlenmalerei.

wurden. Das konnten keine Kelten sein, die kannten längst das Eisen; das musste die Steinzeit sein, die Eiszeit.

Als dann 1861, wenige Monate nach dem Fund, die wissenschaftliche Zeitschrift »Annales des Sciences naturelle« das erste Bild eines Eiszeitkunstwerkes veröffentlichte, war der Bann gebrochen: Überall in Frankreich begann man zu graben.

So auch ein Alphonse Milne-Edwards, der noch im selben Jahr die Grotte von Lourdes untersuchte – die gleiche Grotte, in der drei Jahre zuvor der 14-jährigen Müllerstochter Bernadette Soubirous 18-mal die Heilige Jungfrau erschienen war. Milne-Edwards fand tatsächlich eine ganze Anzahl eiszeitlicher »Kunstwerke« in der Grotte, die demnach auch schon vor mehr als zehntausend Jahren ein heiliger Ort war. Andere Grabungen, andere Funde folgten, aber die Fachgelehrten blieben skeptisch.

Monsieur Longpierre, der Direktor der Altertümersammlung des Louvres formulierte es im Juli 1865 eindeutig: »Die Funde sind zu ungewiß. Bisher wurde nichts Ähnliches in Ägypten, Phönizien und Griechenland gefunden, und es ist unwahrscheinlich, anzunehmen, dass in Frankreich schon Künstler zu Zeiten einer Tierwelt gelebt haben sollen, die heute ausgestorben sind. Diese Zeit liegt unvorstellbar lange zurück, und die Annahme, dass die Menschen dieser längst verflossenen Epoche fähig gewesen seien, so zu zeichnen wie die Franzosen in historischen Zeiten, ist ganz und gar unglaubwürdig.« Das Verdikt war kaum gesprochen, da wurde es schon widerlegt. In der Höhle La Madeleine bei Les Eyzies in der Dordogne hatte man einen Mammutknochen entdeckt, in den ein Mammut eingeritzt war. Was wollte man mehr: Jetzt war bewiesen, dass Mensch und Mammut gleichzeitig gelebt hatten. Eine Fälschung war unmöglich, und das ließ sich sogar beweisen. Nur in einen frischen Knochen lassen sich Gravuren mit derart glatten Rändern ritzen, alte Knochen würden splittern. Außerdem: Der Knochen war in einer völlig unberührten Schicht gefunden worden.

Der schönste Beweis nützt jedoch nichts, wenn eine ohnehin skeptische Öffentlichkeit Anlass zum Zweifel findet. Das geschah ein paar Jahre später, als man entdeckte, dass bei anderen Ausgrabungen Fälschungen untergeschoben worden waren. Diesmal war es der Mainzer Prähistoriker, Maler und Museumsdirektor Ludwig Lindenschmit d. Ä. (1809-1893), der 1876 gleich alle Funde zu Fälschungen erklärte und das nächste Verdikt aussprach, denn: »Es ist unfasslich und läuft jeder Vorstellung von der Entwicklung der Kunst zuwider, dass der Mensch der Eiszeit eine so gewandte, eine so formvollendete Kunst geschaffen haben könnte.«

Es war ein höchst willkommenes Argument. Lindenschmits Fachkollegen erklärten im Jahr darauf summarisch ebenfalls alle Funde zu Fälschungen, und dabei blieb es, auch wenn, wieder ein Jahr später, auf der Pariser Weltausstellung von einigen Unentwegten echte Fundstücke ausgestellt wurden.

Und nun kam, durch reinen Zufall, die Sache ins Rollen. Diese Fundstücke sah ein spanischer Graf, Don Marcelino de Sautuola, und erinnerte sich, dass ja auf seinem Gebiet zehn Jahr zuvor auch eine Höhle entdeckt worden war, als bei einer Jagd ein Jagdhund darin verschwand. Wieder zu Hause angekommen, ließ er den inzwischen zugeschütteten Höhleneingang wieder öffnen. Don Marcelino begann die Höhle genauer zu untersuchen und fand tatsächlich auch solche Werkzeuge aus Stein und Knochen, wie er sie in Paris gesehen hatte.

Die Höhle wurde aber erst dadurch berühmt, dass Marcelinos achtjährige Tochter Maria im Jahr 1879 einmal zufällig an die Höhlendecke guckte und dort »toros«, Rinder, entdeckte. Papa Marcelino, selber misstrauisch ob der zahlreichen Bisons, Pferde und Wildschweine an den Wänden, rief einen befreundeten Geologen, den Professor Vilanova aus Madrid, zu Hilfe, der die Schichten in der Höhle gründlich untersuchte und alles für echt befand. Der Professor hielt Vorlesungen in Madrid und informierte die Presse, der Graf veröffentlichte einen Artikel mit Bildern. Die Spanier hatten auf einmal ihre Sensation, sogar König Alfons XII. wurde in die Höhle eingeladen.

Die Fachwelt blieb unerschüttert. Als 1880 in Lissabon mit 113 Gelehrten ein internationaler Kongress für prähistorische

Archäologie stattfand, war das kein Thema. Professor Vilanova durfte nicht einmal über die Höhle berichten, denn der französische Prähistoriker Émile Cartailhac hatte verkündet, diese Malereien seien natürlich eine Fälschung und ein »vulgärer Streich eines Schmierers«.

So kam es, dass zwar in den folgenden Jahren auch an anderen Stellen Höhlen mit solchen Steinzeitgemälden entdeckt wurden, dass aber keiner der Entdecker damit an die Öffentlichkeit ging, um sich nicht lächerlich zu machen.

So musste unser Don Marcelino de Sautuola fast 23 Jahre lange auf seine Rehabilitation warten. Erst als 1901 auch in Frankreich eine Höhle mit derartigen Bildern entdeckt wurde, änderte sich die Einstellung der Prähistoriker. Cartailhac besaß die Größe, sich im Jahr darauf in einem Aufsatz »Mea culpa d'un sceptique« bei Don Marcelino ausdrücklich zu entschuldigen. Und schon ließ es sich der Fürst von Monaco nicht nehmen, 1906 die erste Drucklegung eines Bandes über diese Höhle zu finanzieren – mit farbigen Wiedergaben, für damalige Zeiten schon etwas Besonderes.

Heute ist diese Höhle mit ihren rund 100 Gemälden, die einst ein achtjähriges Mädchen entdeckt hat, weltberühmt – es ist die Höhle, die wir unter dem Namen Altamira kennen.

Was Höhlen alles erzählen

Altamira ist nur *eine* Höhle unter 303 mehr oder weniger bedeutenden Höhlen mit eiszeitlichen Gemälden, die man inzwischen in Frankreich, Spanien, Portugal, Italien, Jugoslawien, Rumänen und sogar im Ural entdeckt hat – nur nicht hierzulande.

Man könnte deshalb daran denken, in einem Buch über die Steinzeit im süddeutschen Raum das Kapitel »Höhlenmalerei« ganz wegzulassen und bestenfalls ein wenig darüber grübeln, warum das so ist, warum man außer einigen wenigen plastischen »Kunstwerken« in keiner der zahlreichen süddeutschen Höhlen ein Gemälde gefunden hat.

Doch wie sicher kann man da sein, nachdem der Tübinger Prähistoriker Joachim Hahn in den 1980er-Jahren in der Höhle Geißenklösterle bei Blaubeuren an einem von der Wand abgeplatzten Felsstück gelbe, rote und schwarze Farbspuren und im Hohlen Fels bei Schelklingen gravierte Linien im Stein entdeckt hat? Hat man da Dinge übersehen? Oder sind hier Höhlengemälde durch Feuchtigkeit oder aus anderen Gründen zerstört worden?

Fest steht jedenfalls, dass sich steinzeitliche Kleinkunst außer in Aquitanien und dem Pyrenäengebiet eher im Schwäbischen Jura, in Zentralrussland und rund um den Baikalsee findet, Wandkunst dagegen mit drei Vierteln aller Fundplätze in Aquitanien und dem Pyrenäengebiet, ein wenig in Andalusien, Süditalien und Sizilien. Wie dem auch sei: Uns würden einige wichtige Aspekte fehlen, wenn wir nur deswegen nicht auf die Höhlenmalerei eingingen, weil wir sie in Süddeutschland nicht vorweisen können.

So verraten uns Darstellungen und Motive der Höhlenmalereien, welche Tiere zur Zeit der Neandertaler hier lebten und gejagt wurden, wie die Menschen sie jagten, welche Waffen sie benutzten. Es stellt sich aber auch die Frage: Wozu dienten diese Gemälde in stockdunklen Höhlen? Waren es Erinnerungen an Jagdszenen, dienten sie einfach der Freude am Darstellen, am Farbigen? Oder hatten die Jagdszenen magischen Charakter, sollten sie das Erlegen der Tiere bewirken, das auf den Wänden beschwörend dargestellt war? Spielte hier also Irrationales hinein, Religiöses?

Was sie darstellen: Tiere ...

Beginnen wir mit dem, was jedem sofort ins Auge fällt, wenn er eine solche Höhle betritt, mit den dargestellten Tieren. Insgesamt sind in den Höhlen an die 15 verschiedene Tierarten zu sehen, aber das spanische Grafentöchterlein Maria hatte mit seinem Ausruf »Toros!« schon gleich den richtigen Eindruck. Nach Pferdedarstellungen sind Wisente und Auerochsen am häufigsten abgebildet. Sie stellen rund 60 Prozent aller Tiere. Danach folgen, in abnehmender Häufigkeit, Steinbock, Hirsch und Hirschkuh, Mammut, Ren, Bären, Löwen und das Nashorn. Den Schluss bilden Fisch und Eule.

Und schon geht der Streit der Gelehrten um die Frage: Sind diese Tiere also alle auf der Speisekarte wiederzufinden und in dieser Reihenfolge? Wie kommt es aber dann, dass im Osten Kantabriens, also an der Nordküste Spaniens, Hirsche nur sechsmal abgebildet sind, im Westen aber 225-mal? Und warum ist immer wieder die Meinung vertreten worden, dass die Menschen des französischen Jungpaläolithikums besonders eifrig das Rentier jagten, aber mit Vorliebe Pferde und Rinder darstellten?

In beiden Fällen wird der gleiche Grund genannt: die Diskrepanz zwischen der Menge der dargestellten Tiere in den Höhlen und der Menge ihrer Knochen, die man an den menschlichen Siedlungsplätzen gefunden hat. Einfacher gesagt: Man fand Pferde in Höhlen gemalt, aber nicht als Knochenreste in den Siedlungen.

Genau das Gegenteil stellte prompt ein anderes Forscherteam fest. Auch sie verglichen die Tierdarstellungen auf den Wänden mit den »Faunenresten« (sprich: Tierknochenresten) bei den Siedlungsplätzen in Südwestfrankreich und in Kantabrien. Das Ergebnis im Originalton: »Die vergleichende Betrachtung von 2928 Tierdarstellungen aus 90 französischen und 35 kantabrischen Bilderhöhlen mit faunistischen Vorkommnissen bei 151 französischen und 61 kantabrischen Siedlungsplätzen veranlasste sie zu der Schlussfolgerung, dass ›insgesamt fünf größere Tierarten (Pferde, Rinder, Hirsche, Rentiere, Steinböcke), die sich durch ihre Fleischmenge auszeichnen, sowohl auf den Wänden als auch an den Siedlungsplätzen anzutreffen sind. Es besteht sogar ein enger Bezug zwischen dem Ernährungswert einer Art und dem Prozentsatz ihrer Darstellungshäufigkeit‹.«

Wenn sich auch die sprachliche Eleganz dieses Satzes erst nach nochmaligem Lesen ganz erschließt, lasse ich die überraschende Schlussfolgerung unmittelbar folgen: »Die Beobachtungen unterstützen die Annahme, dass die ökonomischen Bedeutung des Großwilds den ersten Anstoß zur Kunst gegeben hat. Diese Kunst besitzt eine stark pragmatische Grundlage; sie gleicht eher einem Rechenschaftsbericht als einer Wunschliste.«

Kunst als gemalte Speisekarte. Ich komme noch darauf zurück.

Steinzeitmaler

Da sich in den 25 000 Jahren paläolithischer Kunst keine »technischen Fortschritte« feststellen lassen, gilt dieser Überblick unabhängig von der Lage der Höhle und dem Alter der Bilder.

Die Arbeitsbedingungen

Wie Menschen ohne moderne Hilfsmittel in dunklen Höhlen nicht nur übermannshohe Felswände, sondern auch Höhlendecken bemalen konnten, ist für uns Heutige nur schwer vorstellbar. Den einzigen Hinweis, den wir haben, sind ausgehöhlte Steinnäpfchen, die sie vermutlich, mit Fett gefüllt, wie antike Öllämpchen verwendet haben. Jedenfalls wurden bisher an die 300 solcher Lampen in den Höhlen Südwestfrankreichs und der Pyrenäen gefunden. Als Docht verwendete man Bast, Flechten und Moos. Eher würde man freilich an Kienspäne denken, die mehr und helleres, wenn auch flackerndes Licht verbreiten. Wie unter diesen Umständen derart vollkommene, oft großflächige Tierbilder entstehen konnten, bleibt so oder so ein Rätsel.

Die Techniken

Die Farben

Verwendet wurden Pigmentfarben, und zwar vor allem Roter Ocker (Hämatit). Schwarz entstand aus Knochen- und Holzkohle oder aus Manganoxyden wie in Lascaux. Gelb und Braun entstand aus Limonit (Brauneisenstein) oder einer Mischung aus Hämatit und Manganoxyd, Grün, Blau und Weiß fehlen vollkommen. Im Allgemeinen wurden benutzte man pro Figur nur eine einzige Farbe. Polychrome Gemälde kommen nur ausnahmsweise vor.

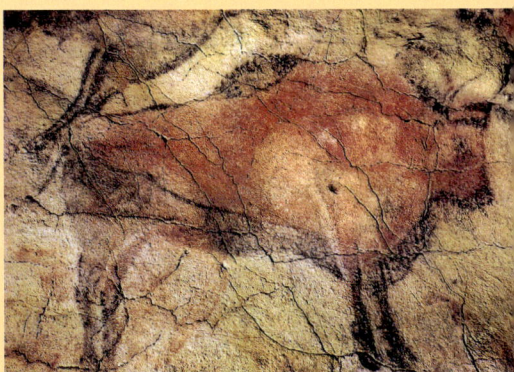

Höhlenmalerei im spanischen Altamira

Die Strichzeichnungen

Strichzeichnungen wurden hergestellt, indem man mit der gefärbten Fingerspitze über den Fels rieb, eine Art »Pinsel«, vermutlich aus Moos oder Fell, benutzte oder mit einem Ocker- oder Kohlestift über den Stein fuhr.

Die Silhouetten

Diese flächig gefärbten Tierkörper (aber auch Handformen) wurden entweder durch

Sprühen hergestellt – Roter Ocker wurde verrieben, in Wasser aufgelöst und dann mit dem Mund auf die Fläche versprüht – oder durch Verwischen von zerriebenen Farbpigmenten, wobei man Abstufungen und Schattierungen erhielt.

Die Ritzzeichnung

Umrisse wurden mit der Feuersteinklinge gezogen oder mit einem Steinstichel eingeschlagen oder geschabt. Dabei entstanden verschieden breite Linie, die oft in sich schon farbig erschienen, wenn hellere unverwitterte Felspartien der Ritze mit der dunkleren Oberfläche kontrastieren.

Das Flachrelief

Die selteneren und nur in einzelnen Perioden entstandenen Flachreliefs befinden sich im Freien in überwölbten Höhleneingängen oder Felsüberhängen, den so genannten »Abris«. Sie wurden mit Steinwerkzeugen hergestellt, die wie Hammer und Meisel benuzt wurden: Die Meisel waren zugespitzte Steine, die Hämmer einfache Handsteine, mit denen man zuschlug. Auf diese Weise konnten bei großem Zeitaufwand Flachreliefs mit bis zu zehn Zentimeter Profil hergestellt werden.

Die Modellierungen

Nur der Vollständigkeit halber sei erwähnt: In einigen Pyrenäenhöhlen sind Figuren in den Lehm modelliert oder mit Fingern eingeritzt worden. Richtig aus Lehm geformt und gegen einen Felsblock gelehnt gibt es einmal in der Höhle Montespan zwei Wisente – eine Ausnahme.

Das Alter der Bilder

Dank der Messungen per Radiokarbonmethode kann das Alter der paläolithischen Wandkunst einigermaßen sicher datiert werden. Die Zeitspanne liegt dabei zwischen 31 500 und 11 600 Jahren vor unserer Zeit. Eine Auswahl, nach Epochen geordnet (nach Lorblanchet):

Aurignacien	
Grotte Chauvet	31 460 ± 460
bis	3043 ± 570
Perigordien	
Arcy sur Cure	4 600 ± 330
Grotte Cosquer	27 110 ± 390
Peche Merle	24 640 ± 390
Solutréen	
Grotte Cosquer	19 200 ± 220
bis	18 010 ± 190
Tête du Lion	21 650 ± 800
Älteres Magdalénien	
Lascaux	17 190 ± 140
Mittleres Magdalénien	
Altamira	15 440 ± 200
bis	13 570 ± 190
Lascaux	15 516 ± 900
Jüngeres Magdalénien	
Abri Colombier II	13 280 ± 110
Niaux	12 890 ± 160
Le Portal	12 180 ± 125
bis	11 600 ± 150

... Menschen ...

Bisher war immer nur von Tierabbildungen die Rede. Das hat seinen guten Grund. Neben Tieren sind auf den Höhlengemälden nur gelegentlich auch Menschen abgebildet – und »gelegentlich« ist hier nicht übertrieben. Es sind, angesichts tausender Tierdarstellungen, »nur« etwa 200 Abbildungen in den Bildhöhlen – vor allem männliche Figuren, an ihrem Penis deutlich erkennbar –, die in logischem Zusammenhang mit den Tieren stehen und als Jäger mit Pfeil und Boden abgebildet sind. Sie sind dabei nie Hauptgegenstand oder Anlass des Bildes, sondern nur illustrierende Statisten zum Thema Jagd und Jagdglück.

Anders bei den weiblichen Figuren. Abgesehen von einer Frauengestalt, die, von summenden Bienen umgeben, zum Honigsammeln auf einen Baum gestiegen ist, sind die Frauenfiguren im Gegensatz zu den Männern immer allein und für sich als gemalte Idole dargestellt oder, häufig genug, auch als Gravuren in die Felswände eingeritzt. Offensichtlich sollen sie, wie auch die figürlich-plastischen Frauendarstellungen, die Fruchtbarkeit verkörpern. Außer an der deutlich sichtbaren Vulva sind sie nach dem damaligen Reizschema daher außerdem sofort und unübersehbar an einem überproportional großen und eher dreieckig geformten Hinterteil erkennbar.

Neben der unterschiedlichen Darstellung von Mann und Frau ist eine weitere Seltsamkeit der deutliche Unterschied zwischen der Menge gemalter und plastisch gestalteter Figuren. Gegenüber den gemalten menschlichen Figuren und Strichmännchen gibt es mehr als viermal soviel – etwa 830 – plastisch-figürliche Darstellungen von Menschen als Idole oder Anhänger. Und eine dritte Sonderheit: Malerei und Plastik verlaufen in der Steinzeit auf seltsame Weise zeitlich versetzt und räumlich getrennt.

Nicht etwa, dass zuerst die Malerei erscheint und die Plastik erst später, was sich relativ einleuchtend erklären ließe. Es könnte einfach an der unterschiedlichen Schwierigkeit der technischen Bewältigung liegen. Umrisse malen konnte man auch ohne Hilfsmittel mit Fingern und Erdfarben.

Die »Willendorfer Venus« – eine der vielen steinzeitlichen Fruchtbarkeitssymbole

Wie sie träumten – Kunst, Magie, Religion

Eine Figur zu kneten und plastisch erkennbar zu gestalten, war zumindest Übungssache. Eine Plastik aus einem Geweihstück herauszuschnitzen oder aus einem Stein herauszuschlagen setzte dagegen den Besitz von geeignetem Werkzeug und den differenzierten Umgang mit ihm voraus. Stattdessen war es umgekehrt. Malerei und Plastik tauchen annähernd gleichzeitig auf. Aber während sich die plastische Darstellung auch nach der »Neolithischen Revolution« fortsetzt und entwickelt, hört die Höhlenmalerei vorher auf.

Dass aber seltsamerweise – zwar nicht konsequent, aber doch auffällig – die Steinzeitmalerei im Westen Europas, also auf der spanischen Halbinsel und in Südfrankreich beheimatet ist, während sich Steinzeitplastik zeitlich versetzt eher in Mittel- und Osteuropa bis nach Kleinasien hinein findet, das lässt sich mit der technischen Bewältigung allein sicher nicht erklären.

Warum gibt es in keiner einzigen Höhle Süddeutschlands auch nur ein einziges Gemälde? (Eine Doppelreihe winziger roter Punkte, die man 1999 auf einem vor 13 000 Jahre abgeplatzten, handtellergroßen Stück Stein in der Hohler-Fels-Höhle bei Schelklingen fand, kann man wohl kaum ernsthaft als »Höhlenmalerei« ausgeben.) Sind sie alle nur verschwunden, verwittert, abgewaschen, noch nicht entdeckt?

Warum aber entdeckt man in eben diesen Höhlen andere von Steinzeitmenschen geschaffene und erhalten gebliebene Dinge wie Flöten, kleine Schnitzereien und Plastiken wie den berühmten Löwenmenschen? Bisher sind es 18 Figuren aus Elfenbein.

Und warum gibt es in Westeuropa und dem Mittelmeerraum kaum plastische Venusfiguren und nur wenige Ritzzeichnungen, während sie sich nach Osten zu fast ausnahmslos als vollplastische Figuren geradezu häufen und summieren?

Ich weiß keine Antwort. Ich weiß nur, dass diese kultischen Figuren nicht das Ähnliche, sondern das Typische darstellen sollen, die Fruchtbarkeit und eben keine Venusgestalt, auch wenn man diese Figuren leicht ironisch so nennt. An der bekanntesten, der »Willendorfer Venus«, wird das ganz deutlich. Sie hat zwar einen Kopf wie ein Wollknäuel, aber kein Gesicht. Viel Körper, noch mehr Hüfte, unglaublich viel Gesäß – aber kaum Arme und Beine. Nicht Ästhetik ist das Ziel, sondern Zauber.

Figuren wie die Venus von Hluboké Mašůvky in Mähren sind da eine erholsame Ausnahme, da sie bei aller Betonung der Fruchtbarkeit von überraschender Gestaltungskraft und naivem Charme sind.

In diesem Konzept spielen Männer keine Rolle, was sicher manchen auf die Idee bringen wird, das Matriarchat sei wieder mal nicht weit. Dabei: Im malfreudigen Westeuropa stehen die Männer auf der Jagd als Strichmännchen schon ihren Mann. Lassen wir die Frage also offen. Fruchtbarkeitszauber allein bedingt jedenfalls noch kein Matriarchat, auch wenn der einzige plastische Steinzeitmann, den wir haben, nicht einmal ein »Mann«, sondern ein »Männchen« ist.

Es ist der 30 000 bis 40 000 Jahre alte Löwenmensch, gefunden auf der Schwäbischen Alb. Eine Suggestion zwischen einem Löwen, der »Männchen« macht, und einer Menschenfigur, das Ganze gerade eben kaum 30 Zentimeter hoch. Dabei ist das, was jetzt als eines der ältesten figürlichen Kunstwerke der Menschheit in einer Panzerglas-

82 Wie sie träumten – Kunst, Magie, Religion

vitrine ausgestellt ist, in einem mühseligen Puzzle aus 200 Splittern Mammutelfenbein erst Jahrzehnte nach dem Fund wieder zusammengesetzt worden.

Auch wenn ein Arm und ein Menschenfuß fehlen – die schmale, aufrechte Figur und der typische Löwenkopf bilden ein kleines Kunstwerk, das die gleiche Hoheit und Würde ausstrahlt, die von jeher mit dem Löwen als König der Tiere assoziiert wird. Der Löwe als Ausdruck der männlichen Kraft und des Mutes galt daher in allen Kulturen stets auch als Symbol des Herrschers. Sogar mit Gott vergleicht die Bibel den Löwen wegen seiner Macht und Gerechtigkeit.

Wem das in der Steinzeit seltsam vorkommt: Es gibt noch eine andere Eigenschaft, die man in der Antike mit dem Löwen verband: »Wegen seiner unbändigen Kraft stand der Löwe vor allem in der Antike auch Fruchtbarkeits- und Liebesgöttern nahe, so Kybele, Dionysos (Bacchus) und Aphrodite (Venus)«, lese ich im Herderlexikon der »Symbole«.

Man muss also nicht, wie geschehen, allerlei Anstrengungen unternehmen, um aus diesem schlanken Löwenmenschen eine fette Venus mit mühsam angeklebten Brüsten und aus dem deutlich vom Körper abstehenden männlichen Geschlechtsteil wegen der ähnlichen dreieckigen Form eine Vulva und aus allem zusammen ein Symbol der weiblichen Fruchtbarkeit zu machen.

Auch die Theorie, dass dieser einzelne Löwenmensch sicher eher weiblich als männlich sei, gilt seit dem Jahr 2002 nicht mehr. Im Eingangsbereich der Hohlen-Fels-Höhle bei Schelklingen fand man einen zweiten Löwenmenschen. Er ist zwar noch kleiner – gerade eben 2,5 Zentimeter ist das Bruchstück mit den abgebrochenen Beinen groß –, aber es hat eine geradezu frappante Ähnlichkeit mit dem »großen« Löwenmenschen. Auch hier keine weiblichen Attribute, denn die Symbolkraft des Löwen hat ihre eigene Sprache.

Der »Löwenmensch«, vor etwa 30 000 Jahren aus Elfenbein geschnitzt, gehört zu den ältesten Kunstwerken der Menschheit.

Wie sie träumten – Kunst, Magie, Religion

In Anatolien entstand vor rund 10 000 Jahren die älteste bisher bekannte menschliche Großplastik. Der Mann von Urfa ist 193 Zentimeter groß.

Ausdruck dürften wohl widerspiegeln, wie die Menschen damals aussahen. Und das hat nichts mehr von einem Neandertaler, keine fliehende Stirn, kein großer Affenmund. Wir können uns hier also zum ersten Mal ein einigermaßen authentisches Bild von einem Steinzeitmenschen machen.

Um wieder zu den Höhlenmenschen mit ihren Höhlenmalereien zurückzukehren: Auch von denen gibt es längst eine authentische Selbstdarstellung, wenn auch ganz anderer Art. Es gibt, und das gleich fünfhundertfach, in zwanzig Höhlen eine Erinnerung an die Neandertaler, die allerdings auch nicht von Ferne etwas mit »Höhlenmalerei« oder »Kunst« zu tun hat. Eher schon mit den Kritzeleien, mit denen seit alters her Touristen der Nachwelt ihren Besuch an einem bestimmten Punkt mitteilen.

Anstelle von Buchstaben sind es hier Fingerabdrücke im Fünferpack – ganze Hände, authentische Erinnerungen an Menschen, die vor fünfzehn-, zwanzigtausend und mehr Jahren schon einmal hier waren. Sie haben ihre gespreizte Hand auf den Fels gelegt und zusammen mit der Umgebung mit Farbe besprüht. Nahmen sie dann die Hand wieder weg, blieb ein helles Negativ auf dem Fels zurück.

Der skeptische Zeitgenosse fragt jetzt sofort: Gesprüht – womit denn? Der Prähistoriker weiß Rat. Er guckt einfach nach, wie es die australischen Ureinwohner angeblich heute noch machen, jedenfalls bis sie von modernen Spraydosen überrascht wurden. Man nehme roten Ocker, mahle ihn fein, mache ihn mit Wasser sämig, nehme einen Schluck davon in den Mund und sprühe die rote Brühe mit vollen Backen über Hand und Fels – fertig.

Es geht aber auch ohne Löwen: Die Steinzeit kennt durchaus männliche Figuren mit erigiertem Phallus, die ausdrücklich die Fruchtbarkeit darstellen sollen. Die älteste bisher bekannte überlebensgroße Steinfigur ist ein in Anatolien gefundener, zehn- bis elftausend Jahre alter steinerner nackter Mann. Er hat einen erigierten Penis, den er mit beiden Händen hält. Dieser nur mit einem Halsband bekleidete und 193 Zentimeter große Mann ist noch aus einem anderen Grund interessant. Natürlich ist das kein Portrait. Aber Gesichtsform und

Gleich »Händeweise« haben Steinzeitmenschen ihren Besuch in den Bildhöhlen dokumentiert, auch hier im argentinischen Patagonien. Die Bedeutung dieser Handzeichen kennen wir nicht.

Wie sie träumten – Kunst, Magie, Religion

Steinzeitplastik

Die ältesten Kunstgegenstände und Instrumente, die bisher auf der Welt entdeckt wurden, stammen aus vier Höhlen der Schwäbischen Alb. Insgesamt sind es bisher 18 Figuren aus Elfenbein, oft nur wenige Zentimeter groß: Mammuts, Bären, Pferde, ein fliegender Wasservogel, und eine Menschenfigur. Die größte Figur ist ein Mischwesen, nämlich der berühmte 28 Zentimeter große »Löwenmensch« aus dem Hohlenstein-Stadel im Lonetal. Man fand außerdem 1973 und 1990 im Geißenklösterle, einer Höhle bei Blaubeuren, drei Flöten, zwei aus Knochen und eine, besonders kunstfertig und mühsam herzustellen, aus Elfenbein.

Neueste Messungen haben bestätigt, dass alle Gegenstände aus der Zeit des Aurignacien stammen, also mindestens 30 000 Jahre alt sind. Das heißt auch, dass sie zum Teil älter als die ältesten erhaltenen Höhlengemälde sind. Anders gesagt: Auch hier war vielleicht noch gar nicht Homo sapiens am Werk; diese ältesten Kunstwerke stammen am Ende gar noch von echten Neandertalern.

Klein aber fein: Kaum daumengroß sind die Tierplastiken von der Schwäbischen Alb – hier ein Wildpferd ...

Es begann in der Vogelherdhöhle

Die Entdeckung des schwäbischen Steinzeitkunst begann im Jahr 1931, als der Heidenheimer Heimatkundler Hermann Mohn im Mai des Jahres bei der Vogelherdhöhle im Lonetal im Auswurf eines Dachsbaus einige Feuersteinstücke entdeckte. Er benachrichtigte den Tübinger Urgeschichtler Johannes Gustav Riek. Der damals gerade eben 31-Jährige kam am 4. Juli 1931, besah sich die im Hangschutt begrabene und daher noch unzugängliche Höhle, drang am nächsten Tag in die völlig unberührte Höhle ein, beschloss, sie auszugraben, holte sich stante pede die Erlaubnis des Bürgermeisters von Stetten und grub ohne Übergang binnen drei Monaten die Höhle aus – ein Vorgang, der heute mehrere Grabungsperioden in Anspruch nehmen würde.

Selbst wenn man gar nicht nachdenken mag, was der Tübinger Gelehrte bei dieser hastigen Wühlerei alles übersehen und weggeworfen haben mag – das, was er an steinzeitlicher Schnitzkunst fand, war Sensation genug. Gustav Riek hatte elf aus Mammutelfenbein gearbeitete Tierplastiken zu Tage gefördert. In der untersten, ältesten Grabungsschicht waren es sechs: zwei Mammuts, ein Wildpferd, ein Rentier, ein Bär und eine Raubkatze, die Riek zunächst als Panther, später aber als Höhlenlowe identifizierte. In der oberen, jüngeren Grabungsschicht fand er ein Mammut, ein Bison, etwas, das er für einen Höhlenlöwen hielt und eine weitere Figur, die eine menschliche Gestalt sein könnte, dazu noch den Kopf eines Höhlenlöwen.

Zu den schönsten Stücken des Fundes gehört eine fünf Zentimeter große Mammutfigur ohne Stoßzähne, dafür mit »x«-Zeichen an Schulter, Kopf, Lenden, Bauch und Schwanzwurzel. Auch ein gerade eben 4,8 cm großes Pferd gilt als besonders gelungene Plastik.

... ein Bison, ausgestellt in Blaubeuren ...

Dass diese 1931 in der Vogelherdhöhle im Lonetal entdeckten Tierfiguren zum ersten Mal im Original erst im September 1977, also nach Rieks Tod, in der Tübinger Kunsthalle gezeigt wurden, hat dabei seinen eigenen Reiz. Der Ausgräber Johannes Gustav Riek, erst der Nazi-Ideologie zugetan und dann von 1956 bis 1961 Professor für Urgeschichte an der Universität Tübingen, hielt diese unersetzlichen und einmaligen Zeugnisse der Menschheit schlicht und einfach für seinen Privatbesitz.

Die Geschichte geht aber noch weiter. Die hastige Graberei von damals ließ den Archäologen tatsächlich keine Ruhe. Längst vermuteten die Archäologen, dass angesichts der damaligen Grabungstechnik vielleicht das eine oder andere der kleinen Kunstwerke übersehen worden sein könnte, zumal man im Hangschutt schon einmal ein zwei mal

Steinplastik

drei Zentimeter großes und 2,6 Gramm schweres Katzenköpfchen gefunden hatte.

Das Institut für Früh- und Urgeschichte der Universität Tübingen untersuchte deshalb im Jahr 2005 unter Leitung des Tübinger Archäologen Nicholas Conard die Vogelherdhöhle noch einmal, steckte den 75 Jahre alten Grabungsschutt vor dem Höhlenhang, den so genannten »Abraum«, in 7000 Säcke und wusch diese 112 000 Liter Erde im Lauf des Jahres 2006 noch einmal minutiös im Wasserbad durch. Und siehe da, die Studenten entdeckten tatsächlich fünf kleine Elfenbeinplastiken, die damals übersehen worden waren, darunter ein sensationell gut erhaltenes und künstlerisch gelungenes 3,7 Zentimeter großes und 7,5 Gramm leichtes Mammut.

Als die Tübinger Archäologen wieder ein Jahr später im Juni 2007 ihre Entdeckung der Öffentlichkeit vorstellten, war die Sensation perfekt. Nicholas Conard schwärmte, das kleine Elfenbeintierchen sei einzigartig »in seiner schlanken Gestalt, mit dem spitzen Schwanz, den kräftigen Beinen und dem dynamisch geschwungenen Rüssel«.

Wer weiß, was noch alles zu Tage kommen wird, denn die Tübinger Archäologen wollen ihre Arbeit im Schutt der Vogelherdhöhle fortsetzen.

Der »Löwenmensch« vom Hohlenstein

Einige Jahre nach den ersten Grabungen in der Vogelherdhöhle begann der Tübinger Urgeschichtsforscher Robert Wetzel in der nur zwei Kilometer vom Vogelherd entfernten Stadel-Höhle im Hohlensteinmassiv ebenfalls Grabungen, förderte aber

… ein Mammut aus der Vogelherdhöhle …

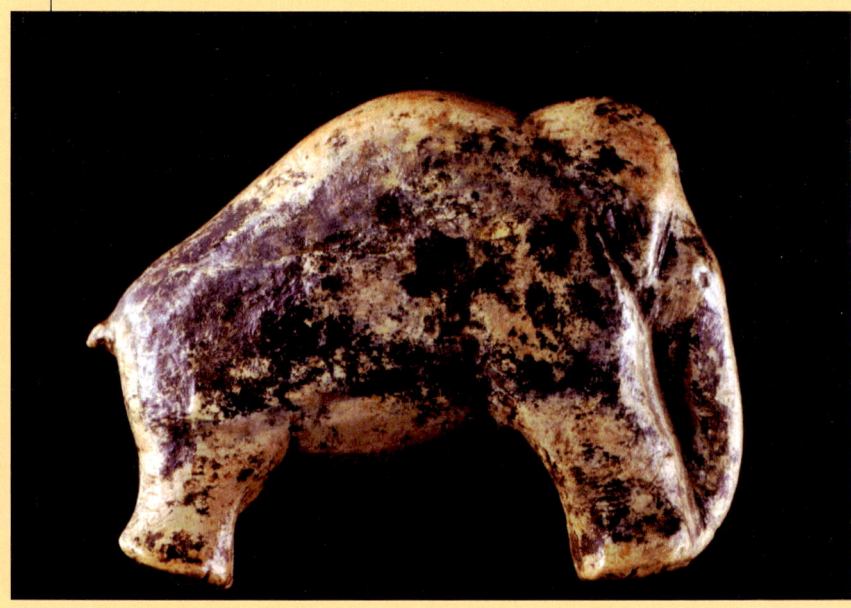

... und eine fliegende Ente, gefunden im »Hohlen Fels«.

außer dem Oberschenkelknochen eines Neandertalers – dem einzigen Skelettrest eines Neandertalers auf der Schwäbischen Alb – und drei Schädeln aus der Mittleren Steinzeit nichts Besonderes zu Tage.

Am letzten Grabungstag, dem 25. August 1939, also wenige Tage vor Ausbruch des Zweiten Weltkrieges, fand der Grabungsleiter Otto Völzing lediglich noch gut 200 Elfenbeinsplitter, die er in einem Karton aufhob. Es dauerte jedoch noch 43 Jahre, bis es endgültig gelang, die Splitter zu dem Mischwesen aus Raubtier und Mensch, dem berühmten »Löwenmenschen«, zusammenzusetzen. Eine unglaubliche Geschichte, die man im Kapitel »Museum Ulm« nachlesen kann.

Fortsetzung im Geißenklösterle

Der gleiche Joachim Hahn, der aus 200 Bruchstücken den Löwenmenschen zusammengesetzt hatte, war es nun auch, der bei Grabungen im Geißenklösterle, einer kleinen Höhle im Achtal zwischen Blaubeuren und Schelklingen, in den Jahren 1974 bis 1991 die nächsten Funde machte. Es waren ebenfalls Schnitzwerke aus Elfenbein – ein Mammut, ein aufgerichteter Bär, die winzige Halbplastik eines Bisons und ein kaum vier Zentimeter hohes Halbrelief mit einer aufrecht stehenden menschlichen Figur, die die angewinkelten Arme wie in betender Haltung nach oben hält.

Ende im Hohlen Fels

Nicht weit von der Geißenklösterle-Höhle im Achtal entfernt wurden um die Jahrtausendwende die bislang letzten Steinzeitfiguren im Hohlen Fels bei Schelklingen gefunden. Es sind das der Kopf einer Pferdeplastik, ein elegant und formschön gelungener fliegender Wasservogel von gerade eben 4,7 Zentimeter Länge, und eine nur 2,5 Zentimeter große Figur, die mit dem Löwenmenschen vom Hohlenstein-Stadel im Lonetal eine verblüffende Ähnlichkeit hat.

… und Zeichen

Kann man bei Umrissen und Strichzeichnungen wenigstens noch erkennen, in welche Richtung die Ansätze gemeint sind, so gibt es auf den Höhlenbildern nun auch hunderte Zeichen und Linien, deren Zweck und Sinn uns heute abhanden gekommen sind. Dabei wird eine Deutung ja auch schon dadurch erschwert, dass die Höhlenbilder keinerlei Komposition aufweisen, dass man also nicht weiß, was bestimmte Linien oder Kästchen an dieser oder jener Stelle bedeuten könnten oder sollten.

Tiere sind einfach nebeneinander oder übereinander gemalt, legen nur in ganz seltenen Fällen einen Zusammenhang nahe. Und wenn es nur der Gedanke wäre: Viele gleiche Tiere sind eine Herde oder bedeuten einfach eine größere Menge. Striche und Muster sind in einem solch formlosen und ungestalteten Ensemble wenig hilfreich, ob es nun rechenkästchenähnliche Flächen sind, Kreise, Stäbe oder eng beieinander liegende Striche wie Zotteln eines Fells.

Striche und Symbole gibt es aber auch an anderen Stellen. Die kleinen, gerade eben anhängergroßen plastischen Tiernachbildungen zeigen die gleichen »Strichcodes«, genauso der Löwenmensch auf dem Oberarm. Ötzi hat sogar am ganzen Körper derartige Symbole und in verschiedenen Formen auf der Haut. Mit Sicherheit dürften sie etwas zu bedeuten haben, auch wenn wir nicht wissen was. Oder sollte man das Ganze für bloße Schmierereien halten? Kaum. Das aber, wie die Höhlenmalerei insgesamt, gehört zu dem berühmten »weiten Feld«, wenn es um Deutung geht und man nichts Genaues sagen kann.

Vielleicht hilft ein anderer Ansatz. Probieren wir es mit dem Paradoxen. Warum malen Menschen über fünfzehn-, zwanzigtausend Jahre hin unendliche Mengen Bilder mit immer den gleichen Tieren ausschließlich an Stellen, wo man sie nicht sehen kann? Was sollen ganze Gemäldegalerien im Dunkeln und an schwer zugänglichen Stellen? Was wollen sie darstellen oder was sollen sie etwa bewirken? Wo liegt ihr Sinn, was ist ihr Zweck?

Zauber und Magie

Verständlicherweise hat man sich seit der Entdeckung der Höhlenbilder darüber Gedanken gemacht. Hier nur die beiden wichtigsten:

Die eine Theorie besagt, dass die Menschen der Vorzeit in ihren Musestunden einfach aus Spaß an der Freude, also »um des Vergnügens willen«, die Höhlen voll gemalt haben. Diese längst überholte l'art pour l'art-Theorie des ausgehenden 19. Jahrhunderts übersah dabei, dass eine noch so zweckfreie Kunst nicht erklärt, warum sie dann oft in den hintersten Winkeln ausgeübt wurde, wo sie unsichtbar blieb, und mit Kienspänen und Ölfunzeln einen Aufwand erforderte, den man sich im Hellen leicht hätte ersparen können.

Die gängigste und weithin akzeptierte andere Theorie lässt sich unter dem Begriff »Jagd- und Fruchtbarkeitsmagie« zusammenfassen. Sie besagt, dass der Mensch glaubt und daher versucht, durch bestimmte Handlungen, Rituale oder Darstellungen einen Tatbestand oder Zustand beeinflussen oder bewirken zu können.

Wir Heutigen mögen uns über Derartiges erhaben fühlen, da wir rationale Zusammenhänge erfassen und daher begreifen können, ob etwas geht oder nicht. Trotzdem gibt es genug Handlungen, die wir trotz besseren Wissens einfach ausführen. So blasen wir bei kleinen Kindern auf ein »Wehweh«, um Heilung zu bewirken, oder wir klopfen bei bestimmten Wünschen auf Holz. Wir wissen natürlich, dass so etwas kindlich ist, aber genau da kommen wir der Sache auf die Spur.

Es gibt vom »Märchenalter« eines jeden Menschen an, also ab dem dritten oder vierten Lebensjahr, eine solche magische Phase. In seinem Standardwerk »Die seelische Entwicklung des Menschen im Kindes- und Jugendalter« hat Heinz Remplein das so dargestellt: »Das Kind glaubt noch an die fast zauberhafte Kraft seiner Wünsche und Gebete: man braucht nur zu wünschen, dass man ein Geschwisterlein erhält, dann wird es kommen, oder zu beten, dass man in der Schule nicht aufgerufen wird, dann wird einen der Lehrer übergehen.«

Und die Begründung: »Die magische Geisteshaltung bildet die Übergangsstufe zwischen physiognomischem Erleben und kausalem Denken. Die Dinge werden, soweit sie nicht ohnehin bloßen Gebrauchs- und Werkzeugcharakter haben, nicht mehr als Lebewesen wie der Mensch, sondern als Träger geheimnisvoller Kräfte erlebt. Das bedeutet einen Fortschritt in der Entwicklung des Weltbildes. Die magischen Praktiken stellen also nur die Vorläufer des technischen Handelns dar: Magie ist die Angstbewältigung durch Einsatz von Verhaltensformen, die mit dem beabsichtigten Erfolg in keinerlei nachweisbarem Zusammenhang stehen. Technik dagegen ist die Wirklichkeitsbewältigung durch Einsatz von Verhaltensweisen, die dank der Einsicht in die Erscheinungen und Gesetze der Natur in einem empirisch begründbaren Zusammenhang mit einem erstrebten Erfolg stehen.«

Das Entscheidende: Diese Phase im Leben eines jeden Menschen wiederholt eigentlich nur, was auch die Menschheitsgeschichte in einer bestimmten Entwicklungsstufe durchgemacht hat. So wie der menschliche Embryo in einem bestimmten Entwicklungsstadium die Stammesgeschichte wiederholt und Kiemen vorweist, die sich wieder verwachsen, so wiederholt sich auch auf psychologischem Gebiet die Stammesgeschichte (Phylogenese) in der Individualgeschichte (Ontogenese) des Einzelnen.

Oder wieder mit Rempleins Worten: »Magisches Verhalten stellt einen, wenn auch vor dem Forum naturwissenschaftlichen Denkens unzureichenden Versuch der Wirklichkeitsbeherrschung dar. Aber es bildet eine notwendige Stufe sowohl der Ontogenese als auch der Phylogenese des Geistes. Bei jedem Kinde, gleich wie seine Mitwelt in weltanschaulicher Hinsicht eingestellt ist, ob materialistisch oder religiös oder freidenkend, wiederholt sich magische Geisteshaltung mit derselben Gesetzmäßigkeit, mit der seine Urvorfahren sie durchlaufen haben und primitive Völker noch heute aufweisen.«

Da ist also doch noch der Neandertaler in uns, denn: »Die magische Geisteshaltung wirkt sich zunächst im Bereich des Handelns aus: in den magischen Praktiken; sodann auch in der Wirklichkeitsdeutung: sie bemächtigt sich der Vorstellungen und schafft phantastische Gestalten als Träger geheimnisvoller Kräfte.

In der Phylogenese des Geistes entstand sie, die magisch-mythische Welt der Hexen und Feen, der Kobolde und Zauberer, der Zwerge, Riesen und Götter, die ihren Niederschlag in Mythen und Märchen, Sagen und Legenden gefunden hat. In der Ontogenese des Geistes entspricht dem die Vorliebe des Kindes für Märchen, die ungefähr im vierten Lebensjahr erwacht.«

Um nach diesem Exkurs in die Entwicklungsgeschichte nun endgültig in die Steinzeit und zu den Höhlenmalereien zurückzukehren: Die Zeit der Höhlenmalerei ist auch jene Phase, in der man schwangere Frauen mit ausgeprägten Geschlechtsmerkmalen darstellt, um auf magische Weise reale Schwangerschaften hervorzurufen. Das sind dann, obwohl sie gerade nicht so aussehen, die so genannten »Venus«-Figuren, die zu den wenigen plastischen »Kunstwerken« der Steinzeit gehören: Versuche, auf magische Weise die Wirklichkeit zur Nachahmung zu zwingen und nicht umgekehrt.

Und da sind die Stiere und die anderen Tiere, oft lebensgroß auf Wände gemalt, wieder und immer wieder, die man mit dem Zauber des Umrisses bannt und sich gefügig macht, ob man sie nun sieht oder nicht. Kunst als Jagdzauber, Jagdzauber als Kunst. Eine Welt, in der Wunsch und Realität noch austauschbar sind, in der ein Bild die Wirklichkeit ebenso beeinflusst wie ein Wunschgebet die Naturgesetze und den Willen Gottes.

Totemismus

Kaum haben wir nun eine einleuchtende Erklärung, kaum haben wir dieses Phänomen anscheinend im Griff, da kommt einer und meldet Zweifel an. Was ist daran Jagdzauber, heißt der Einwand. Man sieht es doch beim Fruchtbarkeitszauber: Um Fruchtbarkeit herbeizuzwingen, wird eine schwangere Frau dargestellt. Beim angeblichen Jagdzauber werden aber in den Höhlen höchst selten gejagte oder erlegte Tiere gemalt. Gerade eben lächerliche drei bis vier Prozent der Bilder sind überhaupt Jagdszenen, sind Jäger zu sehen, sind Tiere mit einem Speer oder Pfeil verwundet. Sämtliche anderen Tiere stehen einfach nur da. Sie reißen nicht aus, sie greifen nicht an, sie kämpfen auch nicht miteinander, sie grasen nicht, sie sind zu Tausenden einfach nur als Umriss da. Merkwürdiger Jagdzauber.

Das neue Stichwort heißt »Totemismus«. Darunter versteht man den Glauben, dass Individuen und soziale Gruppen mit einem Tier, einer Pflanze oder einem Gegenstand verwandt sind, das sie schützt und behütet. Und so, wie die Indianer ihr Totem an einem eigenen »Totempfahl« ausstellen und verehren, so stellen nun eben die Neandertaler ihr »Totem« als Bild an Höhlenwänden aus. Dass dabei verschiedene Gruppen auch unterschiedliche Totemtiere haben, würde erklären, dass in den Höhlen auch jede dieser Gruppen ihr eigenes Totemtier abbildet und warum diese Tiere ohne irgendeinen Handlungszusammenhang dargestellt sind.

Die Schwierigkeit ist nur die: Ein Totemtier ist tabu. Auch wenn der folgende Vergleich etwas hinkt: So wie für einen Christen ein Kruzifix »tabu« ist – er wird es nicht mutwillig beschädigen oder zerstören –, so ist auch ein Totemtier »tabu« und darf weder gejagt noch getötet werden.

Wenn all die in den Höhlen dargestellten Bisons, Stiere, Rentiere und Gazellen also tatsächlich Totemtiere wären, dürften auch sie nicht gejagt werden. Damit aber wäre den Urmenschen die Existenzgrundlage entzogen, sie würden genau das als »unberührbar« verehren, wovon sie leben.

Andererseits: Was bedeuten menschliche Gestalten, die aus Tieren zusammengesetzt sind wie der Löwenmensch von der Schwäbischen Alb? Ebenso berühmt ist auch die 75 Zentimeter große Gravur »Großer Zauberer« in der Höhle Trois-Frères, die durch eine Zeichnung ihres Entdeckers Henri Breuil bekannt wurde und eine Figur mit Hirschkopf und Hirschgeweih, Eulengesicht, Wolfskopf und Gemsenbart zeigt. Ein Schamane? Kannten die Neandertaler also schon das Schamanentum?

Auffällig nur, dass auf Fotografien der »Große Zauberer« weniger eindrucksvoll aussieht als auf der berühmten Zeichnung des Entdeckers und dass die Fotografie längst nicht alle Details zeigt, die der Entdecker auf seiner Skizze dargestellt hat – ein Phänomen, das nicht ungewöhnlich ist, wenn die Begeisterung des Entdeckers mehr oder anderes hineinsieht als tatsächlich da ist.

Vorsichtige Annäherung

Was nun? Die verschiedenen Interpretationsversuche illustrieren genau die Schwierigkeit, vor der die Forschung bei so weit zurückliegenden Epochen steht. Es ist für einen Historiker schon schwierig genug,

Mischwesen oder verkleideter Mensch? Der »Große Zauberer« in der Höhle Trois-Frères ist genau so rätselhaft wie der schwäbische »Löwenmensch«.

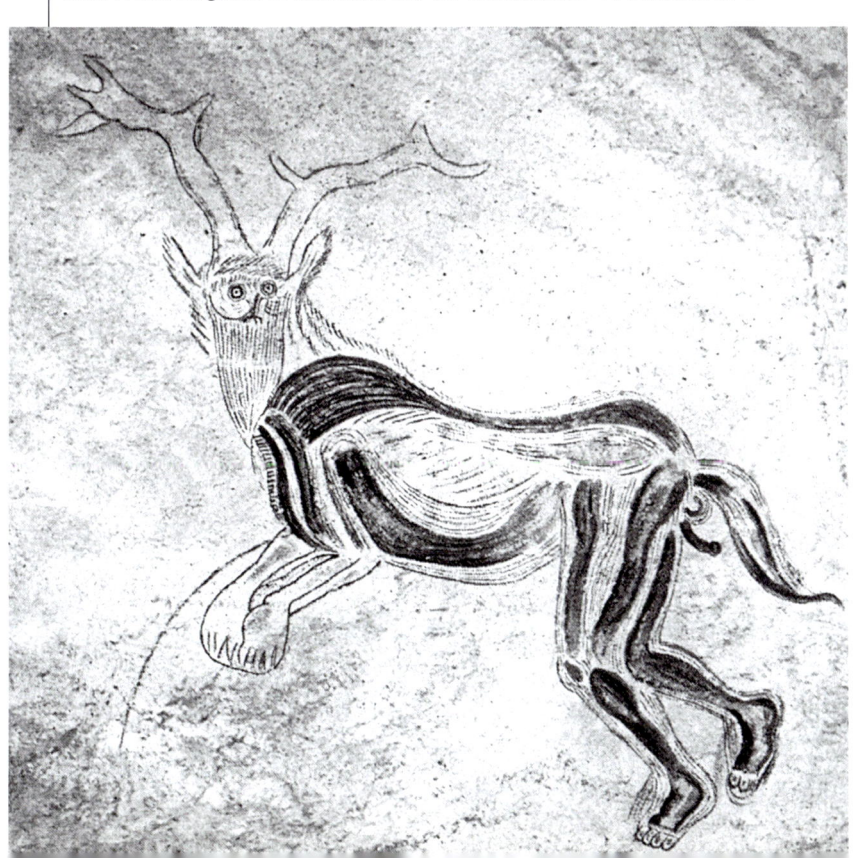

die jüngste Vergangenheit stimmig und halbwegs ohne Missinterpretationen darzustellen. Je weiter eine Zeit zurückliegt und je weniger sie unserer eigenen Lebenserfahrung entspricht, desto schwieriger ist es, sie in ihren Handlungen und Motiven treffend zu beschreiben.

Das gilt auch bei Fragen nach der Religion. Auch wenn Magie und Glaube eng beieinander liegen und nicht nur beim Kind gelegentlich durcheinander gehen; auch wenn Fruchtbarkeits- und Jagdzauber den Glauben an außenstehende Mächte nahe legen – weder wissen wir, ob unsere Vorfahren um jene Zeit schon so etwas wie eine Religion entwickelt hatten, noch worin sie bestand. Üblicherweise vermutet man das Vorhandensein religiöser Vorstellungen, wenn den Toten Gaben auf die Reise ins Totenreich mitgegeben werden, aber solche absichernden Belege fehlen hier. Seien wir also auch hier vorsichtig.

Nicht ohne Grunde hat auch der französische Historiker und Altphilologe Pierre Grimal in seinem Werk »Mythen der Völker« auf diesem Gebiet Zurückhaltung empfohlen.

Wenn sie nicht einfach nur die sichere Formgebung und die Ästhetik von Linie und Farbe genießen, rätseln die Gelehrten über Entstehung, Ausdruck und Sinn der steinzeitlichen Höhlenmalereien.

Im direkten Bezug auf die Höhlenmalereien von Lascaux, die heute als einer der Höhepunkte der Kunst aller Zeiten gelten, schreibt er: »Handelt es sich bei Lascaux nur um eine gigantische ästhetische Schöpfung? Das ist kaum wahrscheinlich. Und jeder stellt sich die Frage: Haben wir hier das Zeugnis einer Religion vor uns? Oder hatten diese packenden Bilder nur einen magischen Wert? Wollten die, die sie malten, den Jägern Hilfe leisten? Oder erstrebten sie schon die Schönheit um ihrer selbst willen? Die Frage stellen heißt einen unbekannten Kontinent ansteuern.

Wir werden uns vor allem davor hüten müssen, unsere eigenen Ideen, unsere eigenen Philosophien auf diese überaus ferne Welt zu projizieren, in der unsere Vorstellungen nichts zu suchen haben. Es ist deshalb ratsam, von dem auszugehen, was die Vorgeschichte selbst uns darbietet; allerdings ist sie sehr geizig mit Mitteilungen, die unser Thema berühren.«

Unbestritten: Kunst und Können

Man kann über Absicht und Ziel der Höhlenmalerei verschiedener Ansicht sein. Dass aber zahlreiche dieser Darstellungen aus der Frühzeit der Menschheit höchsten Ansprüchen der Kunst genügen, ist unbestritten. Ihre erstaunliche Qualität war ja von Anfang an ein beliebtes Argument gegen die Echtheit der Höhlenbilder: Bilder dieser Qualität können ja nur Fälschungen sein. Eine solche souveräne Linienführung, eine solche Klarheit des Ausdrucks, eine solche Dynamik, die viele dieser Tierbilder widerspiegeln, kann es in der Frühzeit der Menschheit doch nicht gegeben haben, wenn man nur an die Strichmännchen der Kinder denkt. Kunst, die gleich als Höhepunkt einsetzt, das war im wahrsten Sinne unglaublich.

Darüber gerieten sogar Kunsttheorien ins Wanken, so Wilhelm Worringers berühmte (von mir jetzt stark vereinfachte) These von der Fähigkeit der Kunst, das Verhältnis des Menschen zu seiner Umwelt mit den Mitteln der Abstraktion und der Einfühlung auszudrücken. »Abstraktion und Einfühlung« hieß denn auch seine Doktorarbeit aus dem Jahr 1907, die, einmalig auf der Welt, derartig populär wurde, dass sie

Wie sie träumten 95

eine Auflage nach der anderen erlebte und noch heute, hundert Jahre danach, auf dem Markt ist.

Sie besagt, dass Menschen und Zeiten, die ihre Umwelt noch nicht beherrschen, wie etwa Kinder, versuchen, sich aus der unbeherrschbaren, chaotischen Welt durch Regeln und Schemata ins Überschaubare, Klare zu retten. Für die Kunst heißt das, so Worringer:»Die einfache Linien und ihre Weiterbildung in rein geometrischer Gesetzmäßigkeit musste für den durch Unklarheit und Verworrenheit der Erscheinungen beunruhigten Menschen die größte Beglückungsmöglichkeit darbieten.« Das sind die Strichmännchen der Kinder und das einfache »Punkt-Punkt-Komma-Strich«-Gemälde als Abstraktion des Gesichtes.

Fühlte man sich dagegen mit seiner Umwelt vertraut, konnte man sich in der Welt ohne Ängste wohl fühlen, schwang der Mensch in seiner Welt mit, weil er sich in sie einfühlen konnte, dann wurde die Formensprache reicher, lockerer, schwingender. Die gemalte Welt der Renaissance zum Beispiel glich der wirklichen Welt eher als das »Punkt-Punkt-Komma-Strich«-Schema einem wirklichen Gesicht.

Abstraktion und Einfühlung also zugleich als Ausdruck von Bewusstseinsstufen und Lebensphasen beim Menschen wie auch in der Menschheitsgeschichte.

Als Worringer in den Fünfzigerjahren bewusst wurde, dass die hohe Stufe der Eiszeitkunst mit ihrer dynamischen Linienführung und ihren lebendigen Tierdarstellungen diametral seiner Vorstellung von der postulierten Strichmännchen-Abstraktion in der Frühphase der Menschheit widersprach, war guter Rat teuer.

Die Neandertaler standen, nach ihrem Kunstschaffen zu urteilen, auf einer höheren Stufe als erwartet. Das konnte nur heißen: Entweder sie hatten die Kindheitsphase der Menschheit bereits hinter sich und waren annähernd »erwachsen«, oder seine Theorie stimmte nicht. Da nicht sein kann, was nicht sein darf, entschied sich Worringer für Worringer und teilte mit, bei den Höhlenmalern habe es sich »keineswegs um eine Menschengattung gehandelt, die innerhalb der Entwicklungsreihe gestanden hat, die in vielen Übergängen schließlich zu *unserem,* zum geschichtlichen Menschentum hingeführt hat«.

Nun war die Welt wieder in Ordnung und fing wieder, wie es sich gehörte, bei der als abstrakt empfundenen dorischen Säule an, die sich zur belebten korinthischen Säule entwickelte, bei den steifen Jünglingen der Stelen, die zum lebendig-belebten Laokoon führten.

Das Kuriose ist, dass Wilhelm Worrringer auf vertrackte, wenn auch ungeahnte Weise trotzdem recht hat. Die Schöpfer dieser Höhlenkunst, die Neandertaler also, sind, da ist man sich heute sicher, tatsächlich nicht unsere direkten Vorfahren. Ich habe das ja bereits früher bei dem Bericht über »die drei Schübe aus Afrika« erzählt.

Wie dieser Wechsel vor sich ging und was er bedeutete, wollen wir uns jetzt ansehen. Wir sind an dem Punkt, wo wir allmählich von den Neandertalern Abschied nehmen müssen. Der dritte Schub aus Afrika ist bereits unterwegs, und was er mit sich führt und auch in Mitteleuropa etablieren wird, ist ein derart anderes Leben, dass man es getrost als revolutionär bezeichnen kann.

Die »Neolithische Revolution«

Auch wenn für uns heute der Begriff nach Aufruhr, Umsturz und Blutvergießen klingt – die »Neolithische Revolution« war ein eher sanftes Ereignis, das nach der letzten Eiszeit vor etwa 11 000 Jahren im Nahen Osten unauffällig einsetzte und sich Jahrtausende lang hinzog, bis es auch den letzten Winkel der Erde erreicht hatte. In Deutschland war dies ungefähr vor 7500 Jahren der Fall. An ihrem Ende stand eine neue Welt, die die Menschheit bis dahin nicht gekannt und nicht geahnt hatte. Aus Sammlern und Jägern waren Bauern geworden, aus Verbrauchern Produzenten, aus Nomaden Sesshafte.

Dieser ersten Revolution entsprach in der Neuzeit etwa die »Industrielle Revolution«, in der Maschinen die Handarbeit übernahmen. Just in Anlehnung an diese Revolution hatte denn auch der australische Archäologe Vere Gordon Childe 1936 den Begriff der »Neolithischen Revolution« geprägt.

Er war freilich nicht der Erste gewesen. Schon 1897 hatte Gabriel de Mortillet den steinzeitlichen Umbruch die »erste Revolution der Menschheit« genannt. Mortillet war ein französischer Maschinenbauingenieur, der Geologie und Paläontologie als Hobby betrieb und mit Revolutionen Erfahrung hatte. Als Teilnehmer der Revolution von 1848 war der 27-Jährige zu zwei Jahren Haft und anschließendem 15-jährigen Exil verurteilt worden.

Ursachen und Folgen

Doch nun zur Sache selbst. Was waren die Ursachen, was die Folgen und Auswirkungen dieser ersten Revolution der Menschheit? Die Schwierigkeit ist dabei die: Während wir die Ergebnisse der Revolution an Tatsachen ablesen können, können wir die Auslöser der Umwälzung wohl oder übel nur erschließen und vermuten. Die Frage ist: Was kann eine Gesellschaft von Sammlern und Jägern dazu bringen, ihre alt gewohnte, im Tierreich übliche Lebensweise aufzugeben und sich einem völlig unerprobten und unbekannten Ackerbau und einer riskanten Tierzucht zuzuwenden?

Zwei Auslöser sind denkbar. Der eine wäre, bedingt durch den Klimawandel am Ende der Eiszeit, ein plötzlicher Mangel an Jagdwild. Bekanntlich starb das Mammut damals aus, andere Tiere mögen mit dem Klima nicht zurechtgekommen sein und mieden ganze Länder und Landstriche. Manche Tiere fielen auch durch Überjagen am Ende als Nahrungsquelle aus wie die Gazellen, die damals buchstäblich zu Tode gejagt wurden: Aus Tierknochenanalysen weiß man, dass die Gazellenjagd im Nahen Osten etwa 10 000 vor Christus praktisch zum Erliegen kam.

Die andere Möglichkeit: Das wärmere Klima veränderte den Pflanzenwuchs und die Erträge in einem Maße, dass man neben der Jagd das Sammeln von Früchten derart intensivieren konnte, dass allein schon die Vorratshaltung der gesammelten und getrockneten Früchte eine sesshafte Lebensweise nahelegte und möglich machte.

Das Entscheidende war jedenfalls, dass man auf einmal nicht mehr nur Vorhandenes sammelte, sondern auch gezielt selbst produzierte. Man sammelte nicht mehr nur jene Gräser, deren Rispen zahlreiche Körner enthielten – es sind die Urahnen unseres Getreides –, man kam nun auch auf die Idee, die Sache nicht mehr dem Zufall zu überlassen, sondern sozusagen »kontrollierten Anbau« zu betreiben.

Das brachte aber Arbeit und Mühsal mit sich. Statt einfach nur zu sammeln, hieß dies nun pflügen, säen, ernten und das in festem Rhythmus, Jahr um Jahr. Es bedeutete auch Hausbau, Viehzucht und Vorratshaltung. Und was die Horde nicht kannte, das lernte jetzt die Familie kennen: Besitz, Eigentum und die Verteidigung des Erworbenen gegen Feinde. Neue Begriffe entstanden wie arm und reich; neue Strukturen wie Herr und Knecht.

Neolithikum

Das Wort Neolithikum setzt sich zusammen aus den griechischen Wörtern für neu (neo) und Stein (lithos) und bedeutet Jungsteinzeit. Man unterscheidet dabei verschiedene Phasen:

Protoneolithikum
11 500 bis 9500 vor Christus

Protoneolithikum oder auch Natufien, benannt nach dem Fundort im Wadi Natuf im Judäischen Gebirge (Nähe Ben-Gurion-Flugplatz). Jäger und Sammler in der Levante und im mittleren Euphratgebiet, die zwar schon sesshaft waren, aber weder Getreideanbau noch Viehzucht kannten. Ihre Feuersteinwerkzeuge waren nicht geschliffen, sondern mit Steinen in Form geschlagen.

Präkeramisches Neolithikum A
9500 bis 8500 vor Christus

Wichtiger Fundort: Tell Mureybet am Euphrat. Getreideanbau, aber noch keine Viehzucht, sondern weiterhin Jagd auf Gazellen. Rundbau-Siedlungen aus Steinarchitektur. Bereits kleine Steinskulpturen, meist Frauen als Fruchtbarkeitssymbole.

Präkeramisches Neolithikum B
8500 bis 6800 vor Christus

»Neolithische Revolution«. Im Nahen Osten Beginn der Tierzucht. Neu auch die Form der Häuser: nicht mehr rund, sondern auf rechteckigem oder quadratischem Grundriss. Kleine Fruchtbarkeitsidole aus Stein oder Ton. Geschliffene Steinwerkzeuge, erste

Nach einer Millionen Jahre langen mehr oder weniger gemeinsamen Geschichte war dies die endgültige Trennung zwischen Tier und Mensch. Und es ist kein Wunder, dass diese steinzeitliche Revolution auch das erste historische Ereignis ist, das die Menschheit aufgeschrieben und festgehalten hat. Gemeint ist die biblische Geschichte von der Vertreibung aus dem Paradies. Die Bibel beschreibt das Ende einer Zeit, in der einem alles zuwuchs und man nur zu sammeln und zu pflücken brauchte. Dann aber hieß es: »Im Schweiße deines Angesichts sollst du dein Brot essen, bis du wieder zur Erde werdest, davon du genommen bist.« Und noch unerbittlicher: »Verflucht sei der Acker um deinetwillen! Mit Mühsal sollst du dich von ihm nähren dein Leben lang. Dornen und Disteln soll er dir tragen, und du sollst das Kraut auf dem Felde essen ...«

Die Neolithische Revolution als Fluch oder auch als Verheißung: »Macht euch die Erde untertan!«?

Den heutigen Zustand kennen wir. Sehen wir daher lieber nach, wie es angefangen hat – angefangen haben könnte.

noch ungebrannte Keramik. Allmähliche Ausbreitung nach Westen.

Böhmen und Mähren, von Polen bis zu den Niederlanden.

Keramisches Neolithikum

6500 bis 5500 vor Christus

Zum Getreideanbau kommt die Domestikation von Nutztieren hinzu. Die Toten werden nicht mehr zwischen oder gar in den Häusern bestattet, sondern außerhalb der Siedlung. Die Keramik breitet sich aus, man unterscheidet monochrome, bemalte und klassische Phase.

Trichterbecherkultur

4300 bis 2800 vor Christus

Die Trichterbecherkultur ist eine neolithische Kulturgruppe, benannt nach einer für sie typischen Gefäßform, die Bechern mit trichterförmigem Hals gleicht. Die Bezeichnung wurde 1930 von dem polnischen Archäologen Konrad Jazdzewski eingeführt. Verbreitet ist sie von Südschweden bis Mitteldeutschland,

Schnurkeramiker

etwa 2800 bis 2200 vor Christus

Mit Schnurkeramiker- oder Streitaxt-Kulturen bezeichnet man zusammenfassend einen Kulturkreis des späten Neolithikums, der nach der Art seiner mit Schnüren eingedrückten Keramikverzierungen benannt ist. Der Begriff wurde 1891 von dem Berliner Prähistoriker Alfred Götze geprägt. Das Verbreitungsgebiet der Schnurkeramik reicht von Mitteleuropa über Südskandinavien bis nach Zentralrussland. Den voneinander abweichenden Gruppen sind außer der Keramikverzierung die Beerdigungsriten und der Gebrauch von Streitäxten gemeinsam. Das Ursprungsgebiet der schnurkeramischen Kultur ist unklar.

Beginn der Bronzezeit in Europa:
2000 vor Christus

»Im Schweiße deines Angesichts« – Ackerbau und Viehzucht

Hier ist die Stelle für jede Art blühender Fantasie. In welchem Hirn reifte die Idee, dass man gewisse Pflanzen nicht nur per Zufall ernten und essen, sondern auch nach Ziel und Plan reproduzieren konnte?

Der Gedanke liegt nahe und ist für Feministinnen Glaubensgewissheit, das kann natürlich nur eine Frau gewesen sein. Schließlich war sie es, die sammelte, während der Mann auszog, um zu jagen. Sie war es also, der eines Tages aufgefallen war, dass man Körner nicht nur essen, sondern auch zur Herstellung immer neuer Körner verwenden konnte. Irgendwann muss ihr ja mal der Zusammenhang aufgefallen sein, dass da, wo man versehentlich Körner auf den Boden geschüttet hatte, im nächsten Jahr genau an der gleichen Stelle neue Gräser mit den gleichen Rispen wuchsen. Immer vorausgesetzt, unsere nomadischen Vorfahren saßen im nächsten Jahr noch an der gleichen Stelle (wie etwa in einer Höhle der Schwäbischen Alb) und waren nicht längst dem Wild hinterher gezogen.

Andererseits ist die Entdeckung, dass Geburt und Zeugung, Saat und Ernte nicht reiner Zufall sind, sondern jeweils einen inneren Zusammenhang haben, im Prinzip auch einem Mann möglich, zumal er sicherlich nicht pausenlos auf der Jagd war und das Werden und Vergehen der Pflanzenwelt zwangsläufig selber zur Kenntnis nahm und sich Gedanken machte.

Wahr ist allerdings, dass es Frau war, die die Neolithische Revolution überhaupt erst möglich machte. Sie war es ja, die auf Grund ihrer Erfahrung das Pflanzen, Pflegen und Ernten betrieb, während der Mann weiter zur Jagd zog.

Davon, dass man von Körnern und Früchten leben konnte, war man jedoch noch meilenweit entfernt. Denn der entscheidende nächste Schritt nach der Erkenntnis, dass Saat und Ernte wie Zeugung und Geburt zusammenhingen, veränderte ja nicht nur die Ernährung, sondern den gesamten Lebensstil. Das Sammeln von Früchten, Beeren, Hülsenfrüchten und Wurzeln war ja nicht unbedingt ortsgebunden. Der Sammler konnte überall dorthin ziehen, wo es diese Früchte, Beeren und Wurzeln auch gab, genau wie der Jäger dem Wild nachzog. In dem Moment aber, da man säte, musste man auch im nächsten Jahr an der gleichen Stelle sein, wenn man den Erfolg einheimsen wollte. Das ist einleuchtend – und so muss es ja auch eines Tages irgendwo angefangen haben.

Nur machen wir Nachgeborenen uns die Konsequenzen nicht klar. Wir leben heute in einer Welt, in der (fast) alles schon vorhanden und erfunden ist. Damals, vor 10 000 Jahren, musste man überhaupt erst einmal ein Gerät erfinden, mit dem man ein paar Quadratmeter Erde soweit aufkratzen und lockern konnte, dass man die Saatkörner unter die Erde bekam, damit sie nicht von den Vögeln weggefressen wurden. Wie machten das die Menschen, die vor etwa 11 500 Jahren in der Levante und der Südosttürkei mit dem Getreideanbau anfingen?

Mit Hacke und Pflug

Zuerst fing es vielleicht an mit dem Hinknien, um mit einem spitzen Stein oder Ast die Erde zu lockern und die noch halbwilden Weizen- oder Gerstenkörner, den Hafer oder die Hülsenfrüchte in den Boden zu kriegen. Später nahm man dann vielleicht eine Astgabel, deren kurzes Ende man stehend als Hacke oder Harke benutzen konnten. Und tatsächlich: Solche Werkzeuge hat man gefunden. Sie machten sich welche aus Hirschgeweihen. Dazu benutzten sie entsprechend kräftige Geweih-Enden, bohrten mit einem spitzen Stein oben im Schaft ein Loch, steckten einen Ast hinein und hatte eine elegante Spitzhacke. Oder man nahm auch – Metall war ja noch nicht entdeckt – einen spitzen Steinkeil, band ihn mit elastischen Bastschnüren oder Lederriemen rechtwinklig an einen Ast und hatte ein Gerät, das sich weniger schnell abnutzte als ein Holz- oder Geweihstück. Zudem hatte es durch sein größeres Gewicht mehr Wucht und konnte tiefer in den Boden eindringen.

Erst gegen Ende der Steinzeit für die Menschen kein unbekanntes Bild: Kornfelder

Noch konnte »Frau Neolith« das Stückchen Feld selber hacken, um den Samen auszusäen. Als aber die Felder allmählich größer wurden, war irgendwann die nächste Erfindung fällig. Wir denken natürlich sofort an den Pflug, so etwas Ähnliches wird es ja auch gewesen sein. Ein Gerät, das gezogen und dessen Steinkeil in den Boden gedrückt wurde, sodass es den Boden gleich und am Stück zeilenweise aufriss.

Nur: Wer zog den Pflug? Rulaman und Genossen hatten ja noch gar keine Haustiere und erst recht keine Arbeitstiere wie Rinder oder Pferde. Es blieb den Steinzeitmenschen also zunächst gar nichts anderes übrig, als sich selber vor den Pflug zu spannen, während ihn ein anderer hielt und in den Boden drückte.

Und schon entstand das nächste Problem: Bedingten Saat und Ernte ohnehin die Sesshaftigkeit, so entstand nun mit zunehmenden Erntemengen die Notwendigkeit, das Geerntete einigermaßen sicher vor wilden Tieren, vor Nässe und Wetter zu schützen. Man musste schlicht und einfach Vorratswirtschaft betreiben – aber wie machte man das?

Kamen bisher die Männer mit ihrer Jagdbeute heim, dann wurde das Fleisch gebraten oder getrocknet, vielleicht auch schon geräuchert, also im Rauch gebeizt, jedenfalls haltbar gemacht und mit Lederriemen an Äste oder Höhlenvorsprünge gehängt. Alles andere verdarb zwangsläufig und wurde Aas. Ähnlich wird es mit Beeren, Körnern und Früchten gewesen sein. Was man dörren oder trocknen konnte, konnte man in Tierbälgen aufhängen, alles andere musste gleich gegessen werden.

Mit zunehmender Feldwirtschaft reicht das nicht mehr. Ich habe das ja schon erwähnt. Zu der Tatsache, dass Rulaman und Co. als sesshafte Bauern nun selbst auch dauerhafte Unterkünfte, sprich richtige Häuser brauchten, kam jetzt hinzu, dass auch so etwas wie Scheunen nötig wurden, also Vorratshäuser oder Vorratshöhlen, die man vor Feinden und wilden Tieren, vor allem aber auch vor lästigen Nagetieren schützen konnte. Und schon erfand die Menschheit, der Not gehorchend, wenn schon nicht dem eigenen Triebe, als Korn- und Vorratslager das Haus auf Stelzen, den Vorgänger der Pfahlbauten, die man heute noch am Boden- und am Federsee in Nachbauten besichtigen kann.

Kornmühle und Backofen

Hier ist nun auch die Stelle, um, wie angekündigt, schnell noch Kornmühle und Backofen zu erfinden, denn Körnerfrüchte waren im Gegensatz zu Knollenfrüchten nicht sofort durch Kochen verwendbar, sondern mussten zubereitet werden. Man brauchte Werkzeug, in diesem Fall also einen Mörser. Das war am Anfang eine flache Steinplatte, »Unterlieger« genannt, auf der man mit einem länglichen, nudelholzähnlichen »Läuferstein« die Körner verrieb. In einer Stunde konnte man damit etwa ein Kilogramm Mehl herstelle. Erst später, als man gelernt hatte, Steintröge herzustellen, in denen man entsprechend keilförmig behauene und geschliffene Kegel im Kreis drehte wie in Uromas Kaffeemühle, ließ sich das Mahlen etwas rationeller betreiben und Mehl beliebig fein ausmahlen.

Die steinernen Kornmühlen hatten nur einen Nachteil. Sie zerrieben nicht nur die Körner, sondern auch sich selbst. Und wenn es noch so fein war, im gemahlenen Mehl war jedes Mal auch Steinstaub. Das musste dann beim Brotkauen nicht einmal unbedingt knirschen, aber die winzigen Steinkrümel schliffen im Lauf der Zeit unweigerlich die Kauflächen der Zähne ab. Und so kommt es, dass Archäologen auch noch nach Jahrtausenden allein schon an diesen frühen »Zivilisationsschäden« feststellen können, ob ein Schädel aus Zeiten vor der Neolithischen Revolution stammt oder nicht.

Nun ging es ans Brot backen. Das einfachste Verfahren benutzen die Pizzabäcker und Crêpes-Stände auch heute noch. Ein zu einem Fladen ausgewalzter dünner Teig wurde auf eine heiße Steinplatte gelegt und ab und zu gewendet. Das ging schnell und lieferte ein einigermaßen bissfestes Brot, wie es die Beduinen in der Wüste heute noch herstellen.

Ein Brotlaib dagegen ließ sich nicht auf einem heißen Stein ausbacken: Unten wurde das Brot schwarz und oben blieb es roh. Brot brauchte Hitze von allen Seiten. Und nur deswegen – wegen keiner Mahlzeit sonst – mussten die Rulamänner eigens die Backröhre erfinden, einen aus Lehm gekneteten, an einer Seite offenen Tunnel über einem flachen Stein. Wie so ein Backofen aussah, können wir von den Kelten abgucken, die den Steinzeitleuten nachfolgten. Auch sie benutzten noch solche Öfen.

In Fernsehfilmen kann man heute bequem zusehen, wie sie damals mühsam die Körner zerrieben, um Brot zu backen.

»Im Schweiße deines Angesichts« – Ackerbau und Viehzucht

Im Prinzip haben sich die Backöfen der Steinzeit bis heute nicht verändert – sie sind nur größer und technisch perfekter geworden.

Ochs und Esel

Mit dem Ackerbau ging gleichzeitig auch die Domestizierung von Vieh einher, einmal als Arbeitstiere, zum anderen aber auch als bequemen Ersatz für die Jagdbeute. Wann das in den verschiedenen Gebieten im Einzelnen geschah, wissen wir nicht, ziemlich einig ist man sich aber darin, dass das erste gezähmte Tier wohl ein Wolf war, der Vorfahre unseres Haushundes.

Aus Knochenfunden weiß man immerhin, dass in Mesopotamien bereits um 9000 vor Christus, also vor 11 000 Jahren, Schafe gezüchtet und gegessen wurden. Vor 9000 Jahren kamen dort die Ziegen hinzu und zur gleichen Zeit wurden in der südlichen Türkei bereits Schweine gezüchtet.

Schließlich und endlich: Seit 8000 Jahren gab es im ägäischen Raum und in Nordafrika zahme Rinder, im Gebiet der heutigen Ukraine und in Kasachstan wurde das Pferd domestiziert, während man auf Zypern Katzen und in Ägypten Esel zu Haustieren machte.

So wurden aus Sammlern und Jägern im Lauf der Zeit Produzenten und Züchter. Aber was uns als Fortschritt erscheint, weil wir es nicht anders kennen, war ernährungsphysiologisch im Grunde ein Schritt zurück, weil das Verhältnis von tierischer Kost und pflanzlicher Ernährung durcheinander geriet. Hatte die pflanzliche Nahrung bisher mit Beeren, Wurzeln und Körnern normalerweise 70 Prozent ausgemacht, brachte die Züchtung von Schlachtvieh und zuviel Fleischgenuss die

Proportionen leicht durcheinander, da der Mensch von seiner Abstammung her eigentlich ein reiner Pflanzenfresser ist. Auch wenn wir Heutigen inzwischen wie schon Homo sapiens sapiens zu den »Allesfressern« zählen, haben wir noch immer den für Pflanzenfresser typischen langen Dünndarm mit Zotten. Richtige Fleischfresser haben kurze Därme, um einer schädlichen Verwesung tierischen Eiweißes durch schnellere Ausscheidung vorzubeugen.

Der Mensch kann daher, wie die Vegetarier beweisen, ohne Schaden auf jeglichen Fleischgenuss verzichten. Verzichtet er aber freiwillig oder aus Not auf pflanzliche Nahrung, kommt es zu tödlichen Mangelerscheinungen wie Skorbut. Denn der Mensch ist, wie alle anderen Pflanzenfresser auch, unfähig, das lebenswichtige Vitamin C im Körper selbst herzustellen, weil er es normalerweise von den Pflanzen geliefert bekommt.

So hat Kenneth F. Kiple, einer der Herausgeber der Ernährungs-Enzyklopädie »Cambridge History of Food«, im Jahr 2000 festgestellt: »Paradoxerweise hat die höhere Nahrungsproduktion, die durch Ackerbau und Viehzucht möglich wurde, zu Umbrüchen in der Ernährung und zu Defiziten geführt. Es scheint gerade in Bezug auf die menschliche Gesundheit so, dass die vielen neolithischen Revolutionen weltweit tatsächlich Schritte rückwärts waren.«

Ein neues Lebensmittel

Nun muss man das nicht so streng sehen, schließlich hat es die Menschheit bisher ganz gut ausgehalten. Wahr ist aber ein Kuriosum, das man sich eigentlich nie klar macht.

Seit der Neolithischen Revolution gibt es ein Lebensmittel, das die Menschen vorher nicht kannten und das infolgedessen viele von uns bis heute nicht in der Urform vertragen: die tierische Milch. Manche bekommen davon Bauchschmerzen, weil sie den darin enthaltenen Milchzucker (»Laktose«) nicht abbauen können. Ihnen fehlt das Gegenenzym »Laktase«, das jedes Kleinkind noch hat und das mit dem Abstillen normalerweise verschwindet. Allerdings gab es offenbar damals schon einige Menschen, bei denen das Enzym nicht automatisch verschwand. Schuld daran ist eine kleine und von der Natur vermutlich gar nicht vorgesehene Veränderung im Erbgut, die man geheimnisvoll »-13,910*T« nennt.

Und so kam es zu einer so genannten positiven Selektion. Menschen, die dieses »-13,910*T« hatten und daher Kuhmilch vertrugen, hatten als Kinder bei Hungersnöten größere Chancen durchzukommen, erwachsen zu werden und die Verträglichkeit an ihre Kinder weiterzuvererben. Gemessen an den Jahrmillionen der Evolution verlief diese Entwicklung überraschend schnell. »Schon« 8000 Jahre später besaßen bereits mehr als siebzig Prozent aller Menschen in Norddeutschland, Skandinavien oder Holland das »-13,910*T«. Es sind die Gegenden, in denen von jeher Viehzucht wichtig ist. Je weiter man aber nach Süden geht, desto weniger Menschen vertragen Frischmilch (wohl aber in veränderter Form als Käse etc). In Süditalien hat kaum noch einer die Erbeigenschaft »-13,910*T«, vom afrikanischen Kontinent ganz zu schweigen.

Vom Nomaden zum Sesshaften – Hütte, Haus und Pfahlbau

Neben der Umstellung in der Ernährung sind Sesshaftigkeit und der Bau fester Unterkünfte das zweite Kriterium der Neolithischen Revolution. Der Übergang ist dabei fließend. Zelt und Hütte kann der Bauer genauso benutzen wie bisher der Nomade, es ist eine Sache des Aufwandes und der Bequemlichkeit. Ein festes Haus bietet mehr Platz für Mensch und Tier und besseren Schutz gegen Wind und Wetter. Tatsache ist aber nun mal, dass in unseren Breiten der Bau von Holz- und Steinbauten mit der Neolithischen Revolution eng zusammenhängt und zum Kennzeichen wird.

Ich habe das Thema Unterkunft und Wohnen – bis auf die Beschreibung von Rulamans Höhle und die gelegentliche Erwähnung von Hütten – deshalb bisher ausgelassen, um es nun im Zusammenhang darzustellen. Das Problem: An was soll ich

Belaubte Äste im Kreis gegeneinanderstellen oder kahle Äste mit Fellen bedecken – so haben die Menschen im Freien ihre ersten Behausungen gebaut.

eigentlich eine jahrtausendealte, längst vergangene Behausung erkennen? Steine bleiben übrig, aber Stangen, Äste und Felle vergehen und hinterlassen keine erkennbaren Spuren im Boden.

Und doch ist es gelungen, Dutzende von steinzeitlichen Hütten oder Zelten zu finden und zu rekonstruieren. Denn wenn auch Fell und Holz verrotten, steinerne Stützmauern oder im Kreis gesteckte Geweihspitzen oder Mammutzähne als vorzeitliche »Heringe« lassen aufmerken. Ist das umfriedete Areal innen leicht muldenförmig vertieft und einigermaßen glatt und steinfrei, die Umgebung um das vermutete Gehäuse aber mit Steinsplittern übersät, die eine kleine Faustkeilfabrik nahelegen, dann kann es passieren, dass die Deutsche Presseagentur im August 2006 meldet: »Forscher entdecken Neandertalerhütte.«

»Archäologen haben bei einem spektakulären Fund im Rheinland die Behausung eines Neandertalers ausgegraben«, konnte man da lesen, und: »Sie fanden eine ovale Vertiefung, die nach ersten Erkenntnissen der Grundriss seiner Hütte war. Der Fund wird auf 120 000 vor Christus und damit auf die frühe Zeit des Neandertalers datiert. Im Umkreis der Behausung lagen 60 Werkzeuge aus Feuerstein, darunter Klingen zum Schneiden von Fell oder Fleisch und auch Beile, wie das Rheinische Amt für Bodendenkmalpflege in Titz nahe Aachen mitteilte.

Bei weiteren Grabungen werde man nach Abdrücken der Holzpfosten suchen. Daraus baute der Neandertaler die Trägerstruktur etwa als Tipi oder Rundhütte für die Felle. ›Das ist ein außergewöhnlicher Fund, der sehr, sehr selten gelingt‹, betonte Gerd-Christian Weniger, der Leiter des Neandertalmuseums.«

Die ältesten Hütten der Menschheit

Nutzen wir den Hinweis und lassen zum Vergleich ein paar dieser Raritäten Revue passieren, die die Archäologen im Lauf der letzten ein, zwei Jahrhunderte gefunden haben:

Die älteste bisher gefundene Hütte des Homo erectus ist vor mehr als anderthalb Millionen Jahren in der Olduvai-Schlucht in Tansania, also Afrika, entstanden, erkennbar an einem Steinwall von etwa drei Metern Durchmesser.

Die bisher älteste Steinzeitbehausung in Europa ist nicht einmal halb so alt, »nur« etwa 600 000 Jahre. Sie wurde im tschechischen Přzletice, Prag-Ost, entdeckt. Auch hier war der Indizienbeweis ein Steinwall, der ein von steilen Felsen umgebenes Dreieck mit drei mal zwei Metern abschloss.

Um wieder nach Deutschland zurückzukehren: Die frühesten, vermutlich 400 000 Jahre alten Funde entdeckte man im thüringischen Bilzingsleben, etwa anderthalb Kilometer südlich der Ortschaft. In einem Lexikon lese ich dazu:

»Aus der Fundlage lassen sich drei Wohnbauten rekonstruieren. Es handelte sich wahrscheinlich um zeltartige Stangenkonstruktionen, deren Bedeckung, die wohl aus Tierfellen bestand, mit Knochen und Steinen fixiert war. Erhalten waren lediglich die Funde, die zu eben dieser Fixierung genutzt wurden und sich in der Grabungsfläche als Kreise von 4 bis 5 Meter Durchmesser darstellten. Sie waren jeweils mit einer davor befindlichen Feuerstelle und mit Arbeitsplät-

Vom Rundbau zum Viereck, vom Zelt zur Blockhütte – das Federseemuseum zeigt die Entwicklung.

zen (mit Ambossen) ausgestattet. Die Lage der Feuerstellen macht die Lokalisierung der Eingänge an den Südseiten der Wohnstrukturen wahrscheinlich.«

Und zu guter Letzt, da aller guten Dinge diesmal vier sind, nehmen wir noch eine Fundstelle hinzu, die geradezu ideal eine Menge notwendiger Indizien auf sich vereinigt, um bei einer Spurensuche fündig zu werden. Es ist die »Jagdstation Buhlen« in Edertal-Buhlen im Kreis Waldeck-Frankenberg, also in Hessen.

Sie war von der Altsteinzeit an bis mindestens in die Zeit vor 50 000 Jahren besiedelt und ist unter den rund 130 bisher gefundenen Neandertalersiedlungen in Europa die mit den meisten Funden von Tierknochen, Steinkeilen und anderen Artefakten.

Als man 1906 beim Ausbau der heutigen Bundesstraße 485 an dieser Stelle Rentiergeweihe fand, wusste man damit allerdings nichts anzufangen. Und so dauerte es bis 1965, als endlich Archäologen ernsthaft nachgruben und in den folgenden vier Jahren eine große Anzahl von Mammut-, Rentier-, Riesenhirsch- und Wollnashornknochen ans Tageslicht förderten. Von Wisent, Wildpferd, Hirsch und Bär ganz abgesehen, dazu große Mengen von Steingeräten. Und als wenn das nicht genügt hätte: 2004 wurde der Fundplatz nochmals untersucht und – man fand noch mehr Tierknochen.

Allein schon daraus konnte man ableiten, dass hier Menschen gelebt haben, denn die Anhäufung von Tierknochen, möglichst noch mit Ritzungen vom Abbeinen und Abschaben mit dem Steinmesser, konnte nur von Menschen stammen.

Aus der Tierart konnte man das Alter der Siedlung abschätzen: Mammutknochen deutetet auf ein hohes Alter, Rentiere auf eine eiszeitliche Tundra, Wildpferde auf ein jüngeres Datum. Mithin ein Lagerplatz, der über lange Zeit hin und über Kälte- und Wärmeperioden hinweg besiedelt war. So ließen sich auch Feuerstellen nachweisen, die mit teilweise verziegelten Dolomitbrocken umstellt und mit deutlichen Lagen von Knochenkohlen durchsetzt waren. Das konnte für die Wissenschaftler nur heißen: Auch in der holzarmen Kaltzeit haben die Neandertaler hier gewohnt und dem Feuer zerschlagene Knochen als Brennmaterial beigegeben.

Da die Fundstelle sogar aus zwei Siedlungsplätzen bestand – einem oben auf dem Dolomitfelsen, einem zweiten weiter unten am Hang –, schloss man auf eine Großfamilie, die hier in zeltartigen Hütten gelebt und mehrere Feuerstellen errichtet hatte. Auf einem gemeinsamen Vorplatz lagen dann Steinwerkzeuge und Steinabfälle, die zum großen Teil aus Kieselschiefer bestanden, der im Geröll der Eder vorkam, dazu Geräte aus Karneol, Quarzit, seltener aus Feuerstein.

Hier wie bei den anderen Beispielen kann man aus Indizien viel ableiten – nur nicht, wie denn nun die Behausungen selbst tatsächlich aussahen. Steinringe und Stützen aus großen Tierknochen verraten nicht, ob es spitz zulaufende Zelte aus aneinander gebündelten und mit Fell überzogenen Stämmen waren oder eher kuppelartige Behausungen aus starken, gegeneinander gelehnten und bedeckten Ästen.

Man hat sich sogar ausgedacht, dass eine Großfamilie zwei Zelte in kurzem Abstand nebeneinander hatte, die durch einen überdachten Zeltkorridor verbunden waren – die erste bescheidene Vorform einer steinzeitlichen »Zweizimmerwohnung«. Eine entsprechende »Dreizimmerwohnung« fand man jedenfalls tatsächlich im ukrainischen Puschkari.

Was man mit Sicherheit gehabt hat, war ein trapezförmiges Flachzelt, wenn es diesen Ausdruck überhaupt gibt. Das waren Behausungen, die man an einen Hang baute, indem man zwei, drei Meter vom Hang entfernt zwei »Türpfosten« in den Boden rammte, mit Querlatte versah und von da aus mehr oder weniger waagerecht liegende Stämme als Dach zum Hang führte und dort festmachte. Das Ganze mit Fellen umgeben ergab ein trapezförmiges Zelt. Wenn man Glück hatte, wie bei unserem zweiten Beispiel aus Přezletice, waren die Seitenwände sogar aus senkrechtem Fels.

Vom Kral zum Viereck

Was man damals nicht hatte – von wenigen Ausnahmen abgesehen –, waren viereckige Unterkünfte. Rund, oval, eiförmig, alles kam vor, weil man es vom Nomadentum her mit seinen leicht transportierbaren Stangenzelten nicht anders kannte. Und so ist es in der Tat. Erst mit der Neolithischen Revolution, mit dem Beginn der Sesshaftigkeit, ist auf einmal auch der auf Dauer gebaute, aus Stämmen zusammengefügte viereckige Raum da, wie wir ihn von den Pfahlbauten kennen. Ein Zelt baut man schnell auf, eine Blockhütte nicht.

Wobei die Formulierung, dass viereckige Gebäude »auf einmal da« waren, irreführend ist. Das gilt im Vergleich zu den großen Zeiträumen, mit denen wir hier ständig umgehen. Gemessen an einem Menschenleben dauerte der Übergang damals wie heute lang und endlos.

Wenn wir den Zeitraffer auflösen, sieht die Geschichte ungefähr so aus: Die Neolithische Revolution mit all ihren Folgen ist ja nicht von einem Tag auf den anderen explosionsartig in alle Richtungen verbreitet worden, sondern sie hat sich bei ihrer Ausbreitung aus einem Ansatz heraus überhaupt erst in langen Jahren zu dem entwickelt, was wir jetzt darunter verstehen.

Von Ostafrika aus hatte sie einen langen Weg durch verschiedene Klima- und Fruchtbarkeitszonen zurückzulegen, um bis in den kühlen Norden zu kommen. Wir finden ihre Spuren in Israel bei Tel Aviv und in Jericho – im trockenen Wüstenklima also. Die Folge sind die berühmten viereckigen steinernen »Mauern von Jericho« – denn Holz war knapp. In der Epoche davor, nach einem in der Nähe gelegenen Wadi Natuf »Natufien« genannt, bestanden die Behausungen dort noch aus eingetieften Rundhütten.

Vorbild Anatolien

Besser lebt es sich freilich weiter im Norden im so genannten »Fruchtbaren Halbmond«, einem mediterranen, wasserreichen Gebiet zwischen Euphrat und Tigris. Und dort, am nördlichen Rand, »in der dunklen Ecke des strahlenden vorderasiatischen Halbmonds« wurden die Archäologen denn auch fündig.

Hier, in diesem wasserreichen und fruchtbaren Gebiet des anatolischen Hochlandes mit seinem gemäßigten Klima, herrschten endlich günstige Bedingungen für Ackerbau und Viehzucht. Hier konnte man ausprobieren, hier konnte man überleben, hier konnte man bleiben.

Und so ist es kein Wunder, dass die Archäologen hier in den letzten Jahrzehnten eine Steinzeitsiedlung nach der anderen ausgegraben haben, zusammen etwa 25. Und zwar so, wie es die Neolithischen Revolution verlangt: keine eingetieften Rundhütten da und dort, nein, ganze kleine Städte aus lauter viereckigen Steinbauten.

Als 1961 der englische Archäologe James Mellaart in der Konya-Ebene die Steinzeitsiedlung Çatal Höyük (damals noch Çatal Hüyük) freilegte, hielt man diese »Stadt der Steinzeit« für eine Ausnahme. Inzwischen weiß man, dass diese mehrere tausend Menschen fassende Siedlung aus lauter eng aneinander gebauten viereckigen Lehmziegelhäusern mit Flachdächern einzigartig, aber nicht einzig ist. Ein »Paris der Steinzeit«, wie es Heinrich Klotz, Kunsthistoriker und Begründer des Deutschen Architekturmuseums in Frankfurt am Main, vor ein paar Jahren formulierte.

Heute kann man aus den verschiedenen Grabungen ganze Museen mit Dingen füllen, die es bisher in der Steinzeit nicht gab: Gefäß-Keramik, Anfänge der Weberei, lebensgroße, steingemeiselte Figuren von Tieren und Menschen, Wandgemälde, Schmuck, kultische Figuren und Ausstattungen.

Harald Siebenmorgen, Direktor des Badischen Landesmuseums Karlsruhe, fasst es so zusammen: »Von Anatolien verbreitete sich die neue Lebensweise, die wir mit ihren Merkmalen Sesshaftigkeit, Ackerbau, Tierhaltung und Gefäßkeramik als Jungsteinzeit oder Neolithikum bezeichnen, in den Mittelmeerraum und nach Europa. Der Orient hat uns in Mitteleuropa mehrfach – nicht nur mit der Jungsteinzeit – zivilisatorische und kulturelle Impulse gegeben ...«

Es ist, als wenn hier, zur rechten Zeit und am rechten Ort, durch die Neolithische Revolution endlich der sprichwörtliche Knoten geplatzt wäre. Aber man musste eben erst sesshaft sein, um Zeltwände durch feste Steinmauern zu ersetzen. Jetzt erst lohnte es sich, Steine nicht nur wie bisher aufzuhäufen, sondern in Form zu bringen – und das nicht mit Eisenhammer und Stahlmeisel, sondern mit anderen Steinen. So entstanden mannshohe viereckig geschlagene Steinpfosten, oft genug mit eingemeiseltem Figurenschmuck, sauber gefugte Mauern, Figuren von Menschen und Tieren.

Erst jetzt, da man als Bauer mehr und mehr Vorräte hatte, lohnte es sich, Gefäße und Töpfe aus gebrannter Erde herzustellen.

Steinbau und Blockhütte

Bis sich dieses neue Lebensgefühl und diese neuen Möglichkeiten sachte und allmählich bis nach Europa ausgebreitet hatten, waren wieder einmal hunderte von Jahren vergangen. Ein anderes Klima, andere Lebensumstände, andere Voraussetzungen waren außerdem dafür verantwortlich, dass kein »Gesamtpaket« an Neuerungen übernommen wurde, sondern dass man das übernahm und adaptierte, was man brauchen konnte.

Eine im Federseemuseum nachgebaute Blockhütte mit Rindendach samt Rauchabzug

Also, da wir immer noch bei Hütte, Haus und Pfahlbau sind: Steinerne Pfosten und Säulen, behauene Steinwürfel oder Ähnliches aus unvergänglichem Material hat man nicht nach Europa importiert. Aber – auch wenn sich auf dem »flachen Lande« nichts davon erhalten hat – wir können sicher sein, dass man nach und nach vom Nomadenzelt zum regulären Hausbau überging. Lehm für Wände und Holz für Blockbauten hatte man genug, die Mühe mit dem Stein konnte man sich sparen. Denn dass Homo sapiens sapiens auf einmal viereckige hölzerne Behausungen baute und nutzte, das können wir heute noch gegen einen angemessenen Eintritt an Ort und Stelle selbst sehen und besichtigen.

Gemeint sind die Pfahlbausiedlungen, jene hölzernen Steinzeitdörfer, die leicht und luftig auf Pfählen über dem Wasser- oder Sumpfgelände schweben.

Häuser auf Stelzen

Bis zum Winter 1853/54 wusste man allerdings gar nicht, dass es so etwas in Europa überhaupt gegeben hatte. Man entdeckte sie, als der Zürichsee damals ungewöhnlich wenig Wasser führte und man die Gelegenheit nutzen wollte, um mit Dämmen und Mauern eine größere Uferfläche in trockenes Festland zu verwandeln.

Dieses eingedeichte Gebiet beim Ort Meilen am Zürichsee musste nun bis über Seeniveau mit Erde aufgefüllt werden. Man ließ Arbeiter daher den benachbarten Seegrund abtragen und umfüllen. Dabei stießen sie auf eine dunkle Schicht, die mit regelmäßigen Pfahlreihen gespickt war. Man holte den Altertumsforscher und »Vater der Schweizer Archäologie«, den 53-jährigen Ferdinand Keller. Er fand außer den Holzstümpfen, die sich, von der Luft abgeschlossen, über die Zeiten hin im Schlick erhalten hatten, noch Keramikscherben, Knochen und andere Gegenstände, die auf menschliche Nutzung hindeuteten. Sofort erklärte er das Ganze für Reste einer alten Siedlung und gab dieser Siedlungs-Spezies den Namen, den sie noch heute trägt: Pfahlbauten.

Etwas Ähnliches kannte man zwar längst aus exotischen Berichten und von Stahlstichen. Solche Häuser auf dem Wasser gab es in asiatischen Flussmündungen und Buchten, in Neuguinea und Westafrika. Eine solche Wasserstadt hatte sogar, so jedenfalls eine der Gründungslegenden, einem südamerikanischen Land zu seinem Namen verholfen, als Amerigo Vespucci 1499 die Bucht von Maracaibo erforschte. Ihn erinnerten die im Wasser stehenden Gebäude der Einheimischen an Venedig, die ja bekanntlich auch auf Pfählen errichtet ist. Nach ihr nannte er die Siedlung »Klein-Venedig« – ein Name, der heute für das ganze Land gilt: Venezuela.

Dass es derartige Siedlungen auch in Europa gab, war vor 150 Jahren neu, und dass sie offenbar viel älter waren als die fernen Exoten, war eine kleine Sensation. Ein wahres Pfahlbaufieber brach aus und man entdeckte in der Folge an Schweizer Seen und am Bodensee noch eine ganze Reihe derartiger Siedlungen, die im Prinzip alle gleich gebaut waren.

Man hatte Pfähle, oft paarweise, in den weichen Boden gerammt, mit Steinen befestigt und das Ganze oben mit Bohlen zu einem in der Luft schwebenden Fußboden verbunden. Die Anlage war stets ähnlich: Ein Steg führte durchs Wasser, und links

Ob das Wasser steigt oder fällt – Pfahlbauten stehen darüber.

und rechts von ihm wurden, wie die Häuser an einer Straße, einzelne Blockhütten angelegt, zwischen denen es immer eine kleine Wasserrinne gab, sozusagen das Gärtchen zwischen den Einfamilienhäusern. Da dieser Steg wieder zum Ausgangspunkt zurückkehrte, entstand, wenn man so will, eine Art Rundling mit zwanzig bis dreißig, manchmal sogar hundert Häusern, den man, wenn nötig, wie eine mittelalterliche Stadt nach außen schützen konnte: Ein Wehrdorf auf dem Wasser. Oder auch, was oft den gleichen Schutz bot, auf einem Sumpfgelände.

Mit dem »Baumkalender« der Dendrochronologie kann man heute sogar ziemlich genau sagen, wann das war. Und auch dass diese Wasserdörfer oft nur einige Jahrzehnte, höchstens achtzig Jahre lang bewohnt waren, weil dann das Holz verrottet und der Uferwald in der Umgebung verfeuert war.

Als Anhaltspunkt: Die ersten Pfahlbauten entstanden rund um das Alpengebiet etwa 6250 Jahre vor unserer Zeit, keine tausend Jahre später waren sie von der Franche-Comté bis nach Österreich und Slowenien verbreitet.

Warum Pfahlbaudörfer?

Wobei es nun jedem freisteht sich auszudenken, warum und weshalb Menschen eines Tages den Umstand und die Mühsal auf sich nahmen, die gleichen Blockhäuser, die sie viel bequemer auf dem festen Erdboden bauen konnten, mit viel Aufwand in der Luft schweben zu lassen. So häufig, wie solche Pfahlbaudörfer angelegt wurden, muss ja wohl ein Bedürfnis vorhanden gewesen sein. Allein am Bodenseeufer hat man bisher an rund 100 Orten Reste von Pfahlbauten entdeckt.

Wie schon angedeutet: Es kann das Bedürfnis gewesen sein, sich vor Tieren oder Feinden zu schützen, die einem nun nicht mehr so ohne weiteres auf den Pelz rücken konnten. Gegenargument: Und wo blieb das Vieh und war es gut, ein ganzes Dorf von seinen Feldern zu trennen? Oder: Wohnten hier gar keine Bauern, sondern Fischer? Aber konnte man allein davon leben? Hatte man denn damals überhaupt schon Gerätschaften wie Netze oder Angelhaken, um Fische zu fangen?

Hier wie auch bei anderen Themen half einem der Naturwissenschaftler und Völker-

In Unteruhldingen am Bodensee ist ein ganzes Dorf wiedererstanden.

Angefangen hat es bei den Netzen mit groben Bastgeflechten, bis man es allmählich lernte, die »Fäden« zu verfeinern und die Maschen zu verkleinern.

kundler David Friedrich Weinland in seinem »Rulaman« schon vor über 125 Jahren mit Text und Bild sachkundig weiter. Und so, wie ich ihn am Anfang zitiert habe, will ich es hier noch einmal tun. Ich lese da im Rulaman:

»Netze aus gedrehten Fäden besaßen sie nicht. Hanf und Flachs und die Verarbeitung ihrer Fasern brachten erst später die Kalats« — so heißen bei Weinland die Kelten — »von Osten. Dagegen hatten sie grobe Netze aus Bastfasern, sodann Angeln, Harpunen und vor allem Fischreusen. Die Fischreuse oder der Fischkorb wird ja in den verschiedensten Formen und Größen bei allen Fischvölkern gebraucht, bei den Indianern Amerikas an beiden Ozeanen und an den großen Seen und Flüssen, bei den westindischen Negern am Meer und überall in Europa.

Ganz ähnlich waren wohl die Reusen unserer Aimats« — der Steinzeitmenschen — »wie man denn auch heute noch am Bodensee Fischkörbe an zweiundzwanzig Meter langen, aus der deutschen Liane, der Waldrebe, verfertigten Seilen auf den Seegrund hinabläßt.

Die Angeln und Harpunen unserer Aimats waren natürlich nicht aus Metall, sondern aus Stücken von Rentiergeweih, sehr hübsch und zweckmäßig mit eingesägten Widerhaken hergestellt.

In den Reusen fingen sie den fetten Aal und die schön schwarz und gelb gefleckten Quappen. Für andere Fische benützten sie Legangeln, die sie an langen, starken, aus Tierdärmen gedrehten Schnüren in den See versenkten: so für den köstlichen Rheinlanken, eine Art Lachs, bis achtzehn Kilogramm schwer, für die Lachsforelle, den Schäpel mit seinem lang hervorstehenden Oberkiefer, die trefflichen Blaufelchen, lauter herrliche Fische, die in der Tiefe leben.«

Bevor man noch mehr Appetit bekommt, zurück in die Gegenwart und zu den Überlegungen, warum sie wohl auf dem Wasser lebten.

Welche Gründe sonst konnte es geben, so nahe am Wasser zu sein und dafür diesen oder jenen Nachteil in Kauf zu nehmen? Also: Am Wasser ist das Klima meist ausgeglichener und milder. Oder: Man konnte sich ja sogar mit dem Einbaum auf dem Wasser fortbewegen und manche Ziele anpeilen, die sonst nur umständlich zu erreichen waren. Und schließlich: Im Wasser kann man auch bequem manchen Abfall verschwinden lassen. Das mag nicht unseren Vorstellungen von Hygiene und Sauberkeit entsprechen – für Archäologen sind diese Unterwasser-Müllhalden mit ihren Nahrungs- und Werkabfällen, ihren kaputten Gefäßen, Geräten und Textilien und nicht zuletzt ihrem Tier- und Menschenkot dagegen ein ausgesprochener Glücksfall. Besser und bequemer kann man sich eine »Kulturschicht« vergangener Zeit gar nicht wünschen.

Nachdem wir bisher vor allem das Leben der Jäger und Sammler kennen gelernt haben, ist das auch für uns eine gute Gelegenheit, einmal neugierig in diesen kostbaren Müllhalden nachzugucken, wie denn unsere Vorfahren am Ende der Steinzeit und am Ende ihrer eigenen Geschichte als sesshafte Bauern gelebt haben. Und wie sie sich selber sahen, bis sie im sprichwörtlichen »Dunkel der Geschichte« verschwanden und die Kelten kamen.

Im Unteruhldinger Pfahlbaumuseum kann man sich in den einzelnen Räumen bequem und ohne Mühe den Stand von Technik und Zivilisation gegen Ende der Steinzeit vergegenwärtigen – von der Reuse über getrocknete Kräuter bis zur Axt.

Pfahlbauten

Pfahlbauten sind Ansiedlungen auf Pfählen, die im oder am Wasser beziehungsweise in Feuchtgebieten errichtet sind (daher auch Feuchtbodensiedlungen genannt). Derartige Siedlungen aus vorgeschichtlicher Zeit – die ersten entstanden etwa zwischen 4200 und 3500 vor Christus – wurden in größerer Anzahl rund um den Bodensee, an Schweizer Seen, in Österreich, Frankreich und Italien (hier unter der Bezeichnung Terramare) gefunden. Sie stammen im Wesentlichen aus dem Neolithikum, sind aber auch in der Kupfer-, Bronze- und Eisenzeit nachgewiesen. Die ersten derartigen Bauten wurden 1853/54 am Zürichsee entdeckt. Die Bezeichnung »Pfahlbauten« geht auf den Schweizer Altertumsforscher Ferdinand Keller zurück.

Die Anerkennung von »Pfahlbauten des Alpenraums als UNESCO-Welterbe« ist beantragt.

Fundorte in Auswahl:

Deutschland

Bodensee:

Hornstaad-Hörnle (Neolithikum)
Sipplingen (Neolithikum + Bronzezeit)
Bodman-Schachen (Bronzezeit)
Ludwigshafen
(Neolithikum + Bronzezeit)
Unteruhldingen
(Neolithikum + Bronzezeit)

Österreich

Attersee:

Misling II (Neolithikum)
Weyregg (Neolithikum)
Aufham (Neolithikum)
Abtsdorf (Bronzezeit)

Mondsee:

Mooswinkel (Neolithikum)
Scharfling (Neolithikum)
See (Neolithikum)

Traunsee:

Traunkirchen (Bronzezeit)

Schweiz

Bielersee:

Twann (Neolithikum)
Lattrigen Riedstation
(Neolithikum)
Sutz-Lattrigen (Neolithikum)
Mörigen
Luscherz

Bodensee:

Arbon-Bleiche (Neolithikum)

Greifensee:

Greifensee-Böschen (Bronzezeit)

Murtensee:

Muntelier (Neolithikum)

Neuenburger See:

La Tène (Eisenzeit)
St. Blaise
Hauterive-Champréveyres
Auvernier
Cortaillod
Concise

Nussbaumersee:

Uerschhausen-Horn (Neolithikum + Bronzezeit)

Pfäffikersee:

Wetzikon-Robenhausen

Zürichsee:

Zürich-Mozartstraße
Zürich-Kleiner Hafner (Neolithikum)
Meilen-Schellen (Bronzezeit)
Feldmeilen-Vorderfeld
Horgen-Schdeller

Zugersee:

Zug-Sumpf

Italien

Lago di Ledro:

Molino di Ledro (Bronzezeit)

Gardasee (ohne zeitliche Zuordnung):

Garda · Cisano ·
La Quercia · Bor di Pacengo ·
Peschiera · Barche di Solferino ·
Bande di Castellaro · Lagusello ·
Lavagnone · Polada · Lucone ·
Salò

Entsprechende Museen befinden sich in

Deutschland:
Unteruhldingen am Bodensee
Bad Buchau

Österreich:
Mondsee (Zentrales Pfahlbaumuseum für Österreich)
Attersee, bei Ortsteil Kammer von Attersee, Oberösterreich

Schweiz:
Gletterens, Kanton Freiburg
Lüscherz, Kanton Bern
Schönenwerd, Kanton Solothurn

Italien:
Molina di Ledro, Oberitalien am Lago di Ledro

Von der Steinzeit zu Bronze und Eisen

Es hat lange Jahre gedauert – und wir wissen, da kommen leicht ein paar tausend Jahre zusammen –, bis die Neolithische Revolution das Leben der Menschen unwiderruflich verändert hat. Gemessen an den hunderttausenden von Jahren, die wir »Steinzeit« nennen, sind es nur Sekunden. Doch die sind es, die unser Leben bis heute bestimmen. Denn, einmal im Wandel, folgen in Europa seitdem Entwicklungen und Epochen in immer schnellerem Tempo: Schnurkeramiker, Hügelgräber-Kultur, Urnenfeldkultur, Hallstattkultur. Oder in anderer Terminologie: Jungsteinzeit, Bronzezeit, Eisenzeit. Und das alles in weniger als 3000 Jahren vor der Zeitenwende, in der die Kelten in Europa auftauchten, das erste Volk, das wir mit Namen kennen.

Was fanden die Kelten vor, was konnten sie übernehmen, was weitergeben?

Bärenfell und Lederschuh

Denken wir zurück. Den Neandertaler am Anfang der Steinzeit haben wir vor Augen als eine urige Figur mit wildem Haar, einem Fellschurz um die Hüften, mit einem Faustkeil in der Hand und, obwohl das Klischee nicht stimmt, oft noch als halben Affen, der es erst noch lernen musste, mit dem Feuer umzugehen.

Am Ende der Steinzeit können wir ein anderes Bild vom Menschen zeichnen, ein Bild, das dem modernen Menschen von Sta-

Wie die Menschen damals gekleidet waren, hat uns »Ötzi« verraten – hier der wiedererstandene Mann vom Hauslabjoch

tur und Aussehen schon zum Verwechseln ähnelte. Er war allerdings eher klein, gerade eben um die 1,60 Meter groß, hatte Schuhgröße 38, blaue Augen und dunkelbraune, wellige Haare.

Auf dem Kopf trug er eine Bärenfellkappe, angezogen war er mit einer längsgestreiften Jacke aus braunem und weißem Ziegenfell, die Hosen erinnern an die Leggings der nordamerikanischen Indianer. Sie waren auch aus Ziegenfell, der Gürtel allerdings aus Kalbsleder. Der Lendenschurz reichte etwa bis zu den Knien. Die Schuhsohlen waren aus Braunbären-, das Oberteil aus Hirschleder. Nur Socken trug er keine, da diente eine Grasschicht der Wärmedämmung und Polsterung.

Man ahnt es längst: Ich habe natürlich soeben Ötzi beschrieben, diesen 5300 Jahre alten und erst 1991 im ewigen Alpen-Eis gefundenen Steinzeitmenschen.

Emmer, Schwein und Froschschenkel

Einmal dabei, nun gleich auch noch alles andere, was die Wissenschaftler über Ötzi herausgefunden haben. So weiß man, dass der etwa im Alter von 45 Jahren umgekommene Steinzeitmann vor seinem Tod Einkorn,

Durch Ötzi, aber auch durch Abfälle und Pollenanalysen sind wir gut informiert, was man damals zu essen hatte (so auch das Getreide Emmer).

Steinbock und Gemüse gegessen hat. Das stimmt mit anderen Funden überein. Aus Getreideresten, die in Tonscherben eingebrannt sind, aber auch weggeworfenen Brotstücken selbst kann man zum Beispiel schließen, dass in der Jungsteinzeit Hartweizen, Einkorn, Emmer und Gerste angebaut wurden, während in der folgenden Bronzezeit zur Gerste noch Dinkel und Hirse hinzukamen.

An Hülsenfrüchten gab es Erbsen, Bohnen und Linsen, an Obst Äpfel und Beeren, an fett- und ölhaltigen Früchten Lein, Leindotter, Schlafmohn und Nüsse. Man aß Fisch, man hatte Rind, Schwein, Schaf, Ziege und – man glaubt unter französischen Gourmets zu weilen – man aß Froschschenkel, Grasfrösche in großen Mengen ...

Aber so gesund diese Mischkost klingt – die Menschen damals waren alles andere als gesund. Es fehlte an Vitamin A und E, auch die Eisenversorgung war nicht gewährleistet. Die Folge waren Mangelerscheinungen, die zu Wachstumsstörungen und Infektionskrankheiten führten.

Ötzi hatte zwar keine Karies, aber durch den Steinabrieb im Mehl stark abgenutzte Zähne, dazu strapazierte Gelenke und einen Bandscheibenverschleiß der Lendenwirbelsäule. Von anderen Knochenfunden weiß man, dass gebrochene oder verkrüppelte Gliedmaßen keine Seltenheit waren.

Loch im Kopf und frühes Alter

Sogar von geradezu unheimlichen Operationen weiß man, auch wenn man ihren Zweck nicht kennt. Schädeloperationen wurden da durchgeführt, so genannte Trepanationen, vielleicht um Kopfverwundungen zu heilen, vielleicht um unheilbaren Kopfschmerz zu beseitigen, vielleicht um böse Geister und Dämonen zu bannen. Bis zu fünf Zentimeter große Löcher meiselten sie mit Steinwerkzeugen in die Schädeldecke.

Als der französische Arzt Prunières 1873 die ersten derartigen Schädel entdeckte, glaubte man noch, die Trepanationen (vom französischen Wort »trepan« für Bohrer) seien an Toten vorgenommen worden, vielleicht um Amulette zu gewinnen. Aber unter den inzwischen gefundenen rund 450 aufgemeißelten Steinzeitschädeln gibt es genügend Beispiele, bei denen die aufgeschlagenen Knochenränder wieder verheilt waren. Die Überlebenschancen lagen sogar zwischen 70 und 80 Prozent! Das heißt also, diese makabren Operationen sind – ohne jedes Narkosemittel, vom Alkohohl vielleicht abgesehen – auch und vor allem an Lebenden vorgenommen worden.

Doch zurück zum »Normalen«. Ganz allgemein lässt sich sagen, dass Lebenserwartung und Körpergröße gering waren. Mit 40 war man schon alt und mit 16 voll erwachsen. Und was die Größe angeht: Man geht davon aus, dass Frauen mit rund 150 Zentimeter sogar noch zehn Zentimeter kleiner als Männer waren. Mit Regeln muss man freilich vorsichtig sein, es gab auch alte, gesunde und große Menschen. So fand man bei Neckarsulm in einem Gräberfeld der Spätbronzezeit 51 Skelette, deren Alter zwischen 16 und 60 Jahren angesetzt werden kann und die zwischen 160 und mehr als 180 Zentimeter groß waren. Gemeinsam war ihnen lediglich, dass es fast alles Männer waren und dass keiner von ihnen freiwillig gestorben war.

Pfeil, Dolch und Beil – das Handwerkszeug und die Grundausrüstung eines Mannes

Rüstung und Schmuck

Das bringt uns zur Aus»rüstung«: Man(n) besaß damals selbstverständlich Pfeil und Bogen, Messer und Dolch, Beil und Speer. So hatte Ötzi einen 1,80 Meter langen Bogen aus Eibenholz dabei, dazu 14 Pfeile aus den Zweigen des Wolligen Schneeballs, in deren Spitzen Feuersteine mit Pflanzenfasern und Birkenteer oder Knochenspitzen eingepasst waren. Experimente mit nachgebauten Bögen und Pfeilen haben gezeigt, dass das mit einer Reichweite von 30 bis 50 Metern gefährliche Fernwaffen waren.

Außerdem hatte Ötzi noch einen Dolch bei sich, dessen Feuersteinspitze in einem Griff aus Eschenholz befestigt war. Ein Feuerzeug – Feuersteine und Zunder – besaß er natürlich ebenfalls, zusammen mit einer kleinen Ahle steckte alles in einer kleinen Ledertasche.

Und dann das Wichtigste, das Beil. Nicht weil es eben ein Beil war, das hatte jeder. Dieses Beil, sogar noch mit dem Originalholzschaft erhalten, bewies nicht nur, dass Ötzi ein wohlhabender Mann war, sondern und vor allem auch, dass er ein Mann zwischen den Zeiten war, denn von dieser Art Beil gab es damals nur wenige. Es stammte schon aus der Zukunft. Es war nicht mehr aus Stein. Es war schon aus reinem Kupfer.

Und so ist es nicht verwunderlich, dass man im Schlick unter den Pfahlbaudörfern da und dort auch schon mal zwischen Glasperlen und Schmucksteinen einen kleinen Kupferschmuck findet, einen Bronzeanhänger vielleicht oder eine Bronzenadel, einen Armreif oder Ohrring – selbst bronzene Rasiermesser für den Herrn gibt es neuerdings.

Man hatte deshalb früher die Jungsteinzeit nicht ganz zu Unrecht auch »Kupferzeit« genannt. Als neues Arbeitsmaterial und damit als Epochenbezeichnung setzte sich das an sich relativ weiche Kupfer aber erst durch, als man es mit Zinn zu Bronze mischte und damit härtete: Dann erst begann die »Bronzezeit«.

Ton und Töpferei

Davor kam, wie sollte es anders sein, die Zeit der Tontöpfe. Was einen dabei allerdings erstaunen kann, dass diese Erfindung der Keramik so spät kam. Es gehört doch zu den Standardvorstellungen, dass der Mensch schon in früher Vorzeit entdeckt haben muss, dass der weiche Erdklumpen, der am Abend im Feuer lag, am nächsten Morgen steinhart war. Ein bisschen Staunen und Herumprobieren, und schon war so etwas wie eine Schüssel entstanden, fest und wasserdicht, wenn auch zerbrechlich. Offenbar war es so einfach aber nicht, denn auch die Jungsteinzeit wird heute noch in eine präkeramische und eine keramische Phase eingeteilt, wobei das keramische Neolithikum erst mit der Ausbreitung der Neolithischen Revolution angesetzt wird, also um 6000 vor Christus.

Was einer regelrechten Töpferei zu Beginn im Wege stand, war das Fehlen einer Töpferscheibe, auf der sich der Tonklumpen drehen ließ. Bis man die erfunden hatte, musste man Gefäße mühsam aus lauter Einzelteilen zusammenkleben. Also etwa so: Man rollte lange Würstchen aus und legte sie eine nach der anderen im Kreis übereinander auf und drückte sie aufeinander fest, bis allmählich das Gefäß in die Höhe wuchs.

Durch den Umgang der Steinzeitleute mit Ton und Lehm sind wir übrigens auch ganz gut über den Zustand ihrer Fingernägel orientiert. Oft genug haben sie absichtlich oder nebenher ihre Fingerspitzen in frischem Hausputz oder noch ungebrannten Tontöpfen hinterlassen. Man brauchte die Vertiefungen nur mit Gips auszugießen, um an den Abdrücken abzulesen, dass es durchaus gepflegte Fingernägel gab, adrett gerundet und glatt, aber auch rissige und grobe Nägel, wie sie an Arbeitshänden oft genug vorkommen.

Jedenfalls bekam man Übung und war bald imstande, die Töpfe schön glatt zu streichen und sogar mit Mustern zu versehen. Nach diesen Mustern und Formen sind denn auch von den Wissenschaftlern die Hersteller dieser Formen und damit die Menschen der ausgehenden Steinzeit überhaupt benannt worden.

Man unterscheidet drei Kulturen. Die erste sind die seit 4300 Jahren vor Christus bekannten und in ganz Europa verbreiteten Trichterbecherkulturen, eine Bezeichnung, die sich von dem trichterförmigen Hals des Topfes ableitet. Diese Trichterbecherleute kennen wir in Deutschland vor allem aus einem anderen Grund. Sie sind die Erbauer der Großsteingräber, die noch heute in vielen Teilen Niedersachsens die Landschaft prägen. Diese riesigen »Hünengräber« für ganze Familien oder Sippen hatten die vorher üblichen Einzelgräber abgelöst.

> Tontöpfe und Keramik erobern erst gegen Ende der Steinzeit den Markt. Wir unterscheiden sie heute nach ihren Formen und Mustern in Trichterbecher, Schnurkeramik oder Glockenbecher.

Den Trichterbecherleuten folgten ab 2800 vor Christus die Schnurkeramiker, weil sie ihre Gefäße dadurch schmückten, dass sie vor dem Brennen mit Schnüren schmückende Verzierungen eindrückten. Da den toten Männern stets Äxte auf die Totenreise mitgegeben wurden, nennt man sie auch die Streitaxtleute.

Die Glockenbecherleute, die dann auftauchten und zwischen Niedersachsen und der Pyrenäenhalbinsel siedelten, lebten bereits zwischen beiden Welten. Sie hatten schon Metallgefäße, bis dann um das Jahr 2000 vor der Zeitenwende auch vom Namen her eine neue Ära anbricht: die Bronzezeit.

Zwischen Stein und Metall

Ob oder wieweit die Steinzeitvölker mit den Menschen der Bronzezeit verwandt sind, ob sie sich bekämpft, vermischt oder gegenseitig geachtet haben – wir wissen es nicht. Hier hat keiner auf nachprüfbare oder eindrückliche Weise die Stafette weitergegeben.

Wie in der historischen Völkerwanderungszeit im ersten Jahrtausend nach Christus hat hier vor der Zeitenwende eine ähnliche Neuordnung stattgefunden, ohne dass man sagen könnte, wer hier wo was an wen weitergegeben hat. Wir wissen nur, dass sich der bäuerliche Lebensstil fortsetzte, dass man die Erfindungen der Vorgänger weiternutzte und ausbaute und dass man durch die zunehmende Beherrschung eines Metalls seine Welt und seine Fertigkeiten ungeahnt vergrößern konnte.

Das alles dauerte seine Zeit, denn auf der Weltbühne geht es nicht so zu wie auf der Theaterbühne. Das fällt kein Vorhang über der einen Szene und geht danach an der gleichen Stelle gleich wieder über der nächsten auf. Wer vorher auf der Bühne stand, steht oft auch danach noch da, der Szenenwechsel zeigt nur an, dass auf einmal ein anderer das Sagen hat.

Auf der Weltbühne gibt es zum Neuanfang eben keine leere Bühne, keine Tabula rasa. Das Stück geht weiter, wie es auch immer heißt. Da geht die Steinzeit nicht mit einem Paukenschlag unter und die Kelten stehen auf einmal da. Nur eins ist sicher: Irgendwann ist die Steinzeit vorbei, eins ist ins andere gewachsen und dabei etwas Neues geworden.

An Ort und Stelle – Plätze und Funde

Nach all den Jahrtausenden, da Rulamans Horden den süddeutschen Raum besiedelt haben, besteht kein Mangel an Funden und Fundorten, auch wenn es eine »württembergische Steinzeit« nie gegeben hat.

Allein an die siebzig Höhlen der Schwäbischen Alb haben in vorgeschichtlicher Zeit als Wohn- und Zufluchtsorte gedient. Die Stellen, an denen man Siedlungsreste, Werkzeuge, Waffen, Steinkeile und ihre Bearbeitungsreste im Land gefunden hat, gehen in die Hunderte und Aberhunderte. Siedlungen wie die Pfahlbauten am Boden- und Federsee konnte man sogar an Ort und Stelle rekonstruieren.

Man hat seltenen Schmuck, die ältesten Musikinstrumente der Menschheit und einmalige Kunstwerke gefunden wie Venusfiguren oder den Löwenmenschen. Das alles kann man in Museen ansehen und bestaunen.

Im Gegensatz aber zu historischen Epochen gibt es hierzulande keine von Menschenhand hergestellten Dinge wie Grabhügel, Mauerreste alter Gebäude oder steinerne Kunstwerke aus der Steinzeit, die man noch im Original am Originalort besichtigen könnte wie die Gemälde in den westeuropäischen Eiszeithöhlen.

Die Kelten haben uns überall im Land riesige Grabhügel, Viereckschanzen und mannshohe Steinfiguren hinterlassen. Die Reste des römischen Limes mit seinen Wehrtürmen, Mauern und Kastellen quer durch Südwestdeutschland sind sogar ins Weltkulturerbe aufgenommen worden, die Mauerreste römischer Villen, Bäder und Kohortenlager kann man besichtigen. Aus der Zeit der schwäbischen Kaiser, der Stauferzeit, haben wir noch ihre Burgen und Bauwerke.

An einem steinzeitlichen Fundort geht es einem wie heute dem Besucher im griechischen Amphitheater. Alles ist noch da wie vor 2000 Jahren, das Rund der Sitze, die Bühne, die ganze Szene – nur das Stück wird nicht mehr gegeben.

Wir können aber die leere Bühne in der Fantasie beleben. Wir können Höhlen, Pfahlbauten und Landschaften besuchen und uns vorstellen, wie die Menschen da gelebt haben. Wovon sie lebten, was sie konnten, wie sie empfanden, wissen wir ja inzwischen. Versuchen wir's.

Hohenwittlingen – Wo Rulaman herkam

Mit Rulaman hat das Buch angefangen, zu Rulamans Höhle und seinem Schöpfer Weinland führt auch unsere erste Spurensuche. Und so machen wir uns mit Neugier und ein ganz klein wenig Wallfahrts-Ehrfurcht auf den Weg.

Weinlands Hofgut

Nicht weit von Bad Urach und auf einem einsamen Bergsporn, weitab vom Ort, hat dieser David Friedrich Weinland gelebt und für seine Kinder den Rulaman geschrieben.

Noch heute wohnen die Nachkommen im Hofgut Wittlingen, in dem David Friedrich Weinland einst 52 Jahre lebte und schrieb. Eine Tafel über der Tür erinnert daran.

Es war ein Leben, von dem ein Berufstätiger heute nur träumen kann. Der Pfarrerssohn aus Grabenstetten studierte in Tübingen brav Theologie, sattelte auf Naturwissenschaften, schrieb eine Doktorarbeit über die »Urzeugung« und war nach zwei recht unterschiedlichen Studien mit 23 Jahren bereits fertiger Doktor – ein Alter, in dem heute andere gerade erst nach Abi und Wehrdienst mit dem Studium anfangen. Weinland war da bereits Assistent am Zoologischen Museum der Uni Berlin, bereiste dann im Auftrag der New Cambridge University in den USA die Großen Seen und Kanada, um das Leben der Indianer kennen zu lernen, und zu den Westindischen Inseln, um da die Lebensverhältnisse der »Neger« zu studieren.

Mit 30 Jahren – also im Jahr 1859 – kehrte er nach Deutschland zurück, wurde sofort Leiter des Neuen Frankfurter Zoos und gab die populärwissenschaftliche Zeitschrift »Der Zoologische Garten« heraus. Im Alter von 34 Jahren, wenn heute andere gerade erst in einen festen Beruf hineinfinden, stieg er aus »Gesundheitsgründen« aus allem aus und zog sich als Privatier auf das väterliche Hofgut in Hohenwittlingen zurück, wo er noch 52 Jahre mit seiner Familie fröhlich, zufrieden und gesund als Privatgelehrter lebte.

Vor diesem Hofgut, das noch immer im Besitz der Familie Weinland ist, stehen wir jetzt also. Weinland baute das Wohnhaus zu dem markanten zweigeschossigen Tuffsteinbau mit dem getreppten Giebel um, den wir vor uns sehen und der das Beispiel eines typischen behäbig zurückhaltenden Landhauses aus der Mitte des 19. Jahrhunderts darstellt.

Seit dem Jahr 2007 ist das 1999 renovierte Grundstück zusammen mit dem Pächterhaus leider weiträumig umzäunt. Vorher konnte man wenigstens noch über den Zugang zum benachbarten Pächterhaus in einer kleinen Sackgasse bis vor den Garten des Wohnhauses treten und angesichts der Bronzetafel über der Eingangstür seine kleine Andacht verrichten. Jetzt muss ein Foto genügen.

Hier also, so berichtet die Bronzetafel, in diesem Haus hatte der Rentier Weinland im Alter von 46 Jahren genügend Muße und Zeit, für seine Kinder die Geschichte von Rulaman zu erfinden und aufzuschreiben. Dazu kamen ihm auch seine Reisen und völkerkundlichen Studien zugute. Man merkt das schon daran, dass er viele fremde Begriffe in seinem Rulaman verwandte, die dem Buch exotisches Flair gaben.

So nannte er die seit Jahrhunderten bekannte Höhle ganz in der Nähe seines Hofgutes Hohenwittlingen, die damals wie heute auf Grund einer Verwechslung Schillerhöhle heißt, für seine Steinzeiterzählung natürlich nicht nach diesem Namen. Auch nicht etwa nach dem erfundenen Namen »Fuchshöhle«, sondern ins Tatarische übersetzt, Tulkahöhle. Dort gehen wir jetzt hin.

Rulamans Höhle

Selten hat man es so bequem, vom Schreibtisch des Autors zu einem von ihm beschriebenen Ort der Handlung zu kommen. Wir laufen links vom Hofgut ein Stück den Wald hinunter, gehen um die Bergnase herum, spazieren ungefähr soviel auf der anderen Bergseite zurück wie eben hinunter und sind damit wieder etwa auf der gleichen Höhe wie das Hofgut, nur um einiges weiter unten im Berg.

Wenn Weinlands Kinder wissen wollten, wie und wo denn Rulaman aufgewachsen war, wenn sie mit eigenen Augen sehen wollten, was Papa Weinland da am Schreibtisch aufgeschrieben hatte, dann brauchten sie nur zu dieser Tulkahöhle zu laufen und waren schon in Rulamans Reich.

Wir können das nach über hundert Jahren genauso machen und das Buch als Höhlenführer benutzen. Wir kennen den Text ja schon vom Höhlenkapitel. Hier vorm Höhleneingang noch einmal ein paar Zeilen zur Einstimmung auf das Zickzack-Labyrinth, das uns erwartet: »Der Eingang zur Tulkahöhle lag am Nordwestabhang eines steilen Berges, nahe dessen Gipfel, unter einem überhängenden Fels. Da war zunächst eine kleine Vorhalle. Dann versperrte ein mächtiges Felsstück den Weg nach innen und zwar so, dass rechts und links ein schmaler Pfad offen blieb, weit und hoch genug, dass ein Mann durchschlüpfen konnte. Hinter dem Felsblock stieg man einige Stufen hinunter, der Gang wurde enger und enger und dabei höher. Er wandte sich rechts, dann wieder links, und erst nach etwa hundert Schritten verbreiterte er sich auf einmal wie zu einer großen Halle. Hier war es schon ganz finster, und hier war die

Der Eingang in die so genannte Schillerhöhle ist normalerweise dunkel, mühselig und verwinkelt. Eine neue Fotografiertechnik lässt die vorhandene Farbigkeit leuchten.

eigentliche Niederlassung der Bewohner, wo sie besonders vor allen Unbilden der Witterung geschützt waren.

Der Boden war ziemlich eben, trocken und von der Natur mit Tropfstein gepflastert. An den Wänden hin sah man breitere und schmälere Vorsprünge, oft in langer Ausdehnung wie Galerien, dann wieder kleine und große Spalten und nischenartige Vertiefungen. Einzelne herabgestürzte Felsblöcke konnten als Tische, andere, kleinere, als Bänke dienen. Sie waren vielleicht absichtlich hierher gewälzt worden, langsam und mit Mühe, aber man hatte Zeit damals. Die Temperatur blieb sich winters und sommers ziemlich gleich, etwas wie in unseren Kellern; der Heizung bedurfte das abgehärtete Volk nicht ...«

So kann es gewesen sein. Nur: Wir wissen es nicht, denn es gibt keinen Nachweis, dass in dieser Tulka- alias Schillerhöhle tatsächlich Steinzeitmenschen gelebt haben. Ich selber kann es mir angesichts des Steilhanges und des überaus verwinkelten Zuganges nur schwer vorstellen – aber wenn wir bequemen Zeitgenossen etwas unbequem finden, muss das für Steinzeitverhältnisse gar nichts bedeuten. Umge-

An Ort und Stelle – Plätze und Funde

Ein Platz zum Träumen: Hier also sollen Rulaman und seine Horde aus- und eingegangen sein, hier soll die alte Parre gestanden haben ... Hier jedenfalls sind seitdem unzählige Menschen gewesen, ebenso neugierig wie wir.

kehrt könnten die sich unser Leben nicht vorstellen ...

Ihren Namen hat die Höhle übrigens von einem Herrn von Schilling, der im Jahr 1346 hier verunglückt sein soll. Aus der Schillinghöhle ist dann vor zweihundert Jahren offenbar in der damaligen Schiller-Euphorie die Schillerhöhle geworden. Den kannte man jedenfalls.

Beide Stätten sind über die gleiche Anfahrt zu erreichen. Von Bad Urach die B 28 Richtung Münsingen nehmen, nach etwa drei Kilometern links nach Wittlingen abbiegen. Oben im Ort rechts halten, an der Kirche vorbei dem Schild »Hohenwittlingen« folgen. Am Ortsende: überraschendes Abbiegen rechts in einen schmalen Fahrweg. Dem folgen, nach 600 Metern folgt ein Parkplatz. Hier parken, den gleichen (jetzt für öffentlichen Verkehr gesperrten) Fahrweg etwas mehr als einen Kilometer zu Fuß weiter bis zum Gut »Hohenwittlingen«.

Die Schillerhöhle erreicht man von hier aus, indem man links am eingezäunten Hofgrundstück vorbei einen unbezeichneten Trampelpfad nimmt, der hinter dem Grundstück in einen ordentlichen geschotterten Fahrweg übergeht und bergab führt. Nach kaum 200 Meter geht ein Abzweig rechts zu Wanderhütte und Grillplatz. Links oben die Ruine Hohenwittlingen, rechts die Hütte, geradeaus ein Schild »Schillerhöhle«. Jetzt nicht den talführenden Weg, sondern den am Hang entlang führenden Pfad nehmen. Von hier führt nach ein-, zweihundert Metern links ein mit Stufen versehener Weg talabwärts. Ihm folgen und sich nicht wundern, wenn man unversehens an der Höhle vorbeiläuft. Die liegt beim Herabsteigen unsichtbar links, etwa da, wo die Stufen über eine Felsnase führen. Die Höhle ist links vom Felsentor, kenntlich am Gestänge einer starken Eisentür, mit der die Höhle im Winterhalbjahr zum Schutz der Fledermäuse gesperrt wird.

Hinweise zur Besichtigung der Höhle: Taschenlampen und feste Schuhe mit rutschfesten Sohlen unbedingt erforderlich. Möglichst nicht allein begehen – in der Höhle funktioniert im Notfall kein Handy, wohl aber davor.

Nach Angaben des Höhlenführers ist die Höhle etwa 250 Meter lang, aber nicht die ganze Strecke begehbar. Sie ist, bis man zu einer Ausbuchtung kommt, praktisch ein gewundener Felsenschlauch, oft kaum mannsbreit, bestenfalls zwei Meter hoch und zuzeiten feucht-glitschig.

Rückweg: die Stufen wieder hoch und den bisherigen Pfad am Hang entlang weiterverfolgen. Er führt erst unterhalb des Hofgutes entlang, dann parallel zum Fahrweg, den wir gekommen sind und auf den man an einigen Stellen überwechseln kann. (Umgekehrt kann man die Schillerhöhle auch über diesen Waldweg ansteuern und über das Hofgut zurückkehren.)

Das Lonetal – Höhlenkunst

Unsere nächste Erkundungstour führt uns ins Lonetal südöstlich von Heidenheim, wo man die ältesten von Menschen gemachten Figuren gefunden hat, darunter 1931 den berühmten »Löwenmenschen« oder jüngst eine komplett erhaltene Mammutfigur.

Das Lonetal, eine Bodenwelle von sanfter Harmlosigkeit und mit bequem erreichbaren Höhlen

Auch wenn das Lonetal nicht zu den bekanntesten Tälern der Schwäbischen Alb gehört – die Attraktionen der Umgebung sagen den meisten etwas. Das Steiff-Museum in Giengen an der Brenz oder die Charlottenhöhle, die mit mehr als 500 Metern längste Schauhöhle der Alb, sind nicht weit.

Das Tal selbst, in stiller, dahinschwingender Landschaft gelegen, ist von milder Harmlosigkeit, aber offensichtlich ebenso wie das auf der anderen Seite von Ulm bei Blaubeuren gelegene Achtal eine Art Zentrum der Steinzeitkultur gewesen. Hier wie dort ein Tal, in dem sich in Laufentfernung die Höhlen aneinanderreihen, hier wie dort Höhlen mit einmaligen Funden.

Schon auf der Autobahn wird man aufgeklärt, dass das Lonetal für seine Steinzeithöhlen und Steinzeitfunde berühmt ist. Es wäre aber ein Irrglaube anzunehmen, dass es im Tal selbst auch nur irgendwelche hilfreichen Hinweise gäbe, wie man zu den verschiedenen Höhlen kommt. Nur die Vogelherdhöhle hat, einfach weil sich's nicht vermeiden ließ und sie ohnehin an der Straße liegt, einen Hinweis. (Allerdings gibt es an einer abseits von jedem Parkplatz oder öffentlichem Weg gelegenen Stelle einen uralten Holzpfosten mit entsprechenden Hinweisen, die aber so angebracht sind, dass sie vom dem Winkel aus unsichtbar sind, von dem aus man sie überhaupt nur entdecken kann.)

Fangen wir mit der Höhle an, die zuerst entdeckt und erkundet wurde und die praktischerweise auch am Beginn unseres Weges liegt.

Die Vogelherdhöhle

Genau genommen sind es drei nahe beieinander liegende relativ kleine Höhlen (die eine 39 Meter lang, sieben breit und 3,8 hoch, die andere 42 Meter lang, sieben breit und 2,5 hoch und eine kleine). Für Höhlenkundler und Geologen haben sie kaum Interessantes zu bieten. Umso mehr aber für Archäologen, seit hier im Jahr 1931 die ersten je von Menschenhand gefertigten Kunstwerke gefunden wurden: elf kleine, meist kaum handtellergroße Elfenbeinschnitzereien von Mammut, Wildpferd, Ren, Wisent, Bär, Panther und Höhlenlöwe. Sie sind zwischen 30 000 und 40 000 Jahre alt und in Tübingen im Original zu besichtigen.

Es war in diesem Höhlenkomplex, wo 1931 der Tübinger Urgeschichtler Gustav Riek die ersten steinzeitlichen Tierplastiken fand, die 76 Jahre später durch weitere Funde ergänzt wurden. Man kann das im Kapitel Kunst und dem Stichwort »Steinzeitplastik« nachlesen.

Stapfen wir aber jetzt vom Parkplatz den Trampelpfad hoch und besehen uns die Höhlen, in denen die Figuren über die Jahrtausende hin gelegen haben.

Die Große Vogelherdhöhle fällt einem mit ihren zwei Eingängen gleich ins Auge. Schon marschiert man durch und steht in einem großen Felsenzimmer, das man sich leicht mit einer ganzen Sippe von Eiszeitjägern bevölkert vorstellen kann. Wenn man Glück hat, entdeckt man sogar noch einen dritten, freilich sehr niedrigen Eingang, der zudem von außen schwer zu finden ist.

Die Kleine Vogelherdhöhle heißt nicht umsonst so. Der bescheidene Eingang ist zwar hoch genug, um aufrecht hineinzugehen, liegt aber so versteckt hinter einem Felsen, dass man für den Trampelpfad dankbar ist, der einen hinführt. Aber dann geht das Ungemach schon weiter: Der Eingang biegt sofort scharf um die Ecke, sodass die Höhle selbst ohne Tageslicht ist und man eine Taschenlampe braucht. Die Höhle wird auch noch sehr schnell sehr niedrig und hört in einem engen Loch praktisch auf. Also kein sehr gemütlicher Raum für Rulaman und seine Horden – es sei denn, man stellt sich hier das Schlafzimmer vor, das nur wenige Schritte neben der Haupthöhle liegt.

| Eine Höhle und drei Eingänge …

... flach unter einer Bergkuppe (oben) und gar nicht zum Fürchten

Das Lonetal: Auf der A 7 Ausfahrt Niederstotzingen nehmen, durch Bissingen Richtung Stetten weiterfahren. Auf halbem Wege zwischen beiden Orten liegt in einer milden Senke das Lonetal.

Die Vogelherdhöhle: Kommt man in die Talsenke, ist rechter Hand ein großer Parkplatz, auf der andere Seite des Tales an einer Straßenmündung ein Parkplatz links. Dort parken. Eine Tafel gibt Erklärungen zur Höhle; sie selbst liegt, auf einem Trampelpfad leicht zu erreichen, 18 Meter bergan. Die Höhleneingänge sind, wechselseitig nicht zu sehen, auf beiden Seiten einer kleinen Bergnase, über der ein Grillplatz zum Ausruhen einlädt.

Hohlenstein und Bärenhöhle

Vom Vogelherd nun zum Hohlenstein, jener Höhle, in der der berühmte »Löwenmensch« gefunden wurde.

Sie und die unmittelbar danebenliegende Bärenhöhle liegen, ohne jeden Hinweis, ohne jedes Schild und ohne jeden Weg, etwa zwei Kilometer von der Vogelherdhöhle entfernt versteckt im Tal – siehe Suchanleitung.

Auch der Hohlenstein besteht eigentlich aus zwei Höhlen: dem Hohlenstein-Stadel und der Bärenhöhle, zwischen denen es noch einen Felsüberhang gibt, der Kleine Scheuer genannt wird. (Genau genommen ist die Kleine Scheuer nur ein Teil des Vor-

Hohlenstein (unten) und Bärenhöhle liegen nur wenige Schritte auseinander und sind bequem zu erreichen.

platzes oder Eingang des Stadels.) Alles in allem ganz romantisch anzusehen mit den großen Höhlenlöchern nebeneinander, richtige Bilderbuchhöhlen mit Lagerplatz davor fürs flackernde Feuer und urigen Urahnen drum herum.

Beide Höhlen wurden zu verschiedenen Zeiten erforscht. Bereits 1862 war es der 1824 in Lorch geborene Pfarrer und Geologe Oscar Fraas, der sich die eine Höhle näher ansah. Er förderte damals 88 Bärenschädel und mehr als 10 000 Knochen, darunter Reste von Mammut, Wildpferd und Elch, ans Tageslicht. Deshalb erhielt die fast 90 Meter lange, 14 Meter breite und sieben Meter hohe Höhle den Namen Bärenhöhle. Spätere Grabungen im vergangenen Jahrhundert vervollständigten die Mischung: Nashorn, Pferd, Hyäne, Wolf, Ren und Hirsch kamen hinzu.

Was Fraas erst nicht glauben wollte, war, dass die Steinwerkzeuge, die er bei den Knochen fand, aus der gleichen Zeit wie Mammut und Elch stammten. Dann kam Darwin und der Geologe und Pfarrer Fraas begriff an Ort und Stelle: Der Mensch war Zeitgenosse des Mammuts und damit älter als die Bibel erlaubte.

Die andere Höhle, der »Stadel«, blieb damals völlig unbeachtet, obwohl sie ja gleich nebenan lag. Der Grund: Sie war damals unsichtbar und praktisch nicht vorhanden. Der Rat der Reichsstadt Ulm hatte sie nämlich im Jahr 1591 in seiner Weisheit einfach zumauern lassen, um »lichtscheuem Gesindel« den Unterschlupf zu nehmen.

Erst 346 Jahre später – also im Jahr 1937 –, als der Tübinger Urgeschichtsforscher Robert Wetzel sich für diese verschwundene Höhle zu interessieren begann, wurde

Auf der einen Seite der Hohlenstein ...

die Mauer abgerissen und das seit Jahrhunderten unberührte Felsenloch erforscht.

Und schon fand man erstaunliche Dinge, so den Oberschenkelknochen eines Mannes – eine Rarität auf der Schwäbischen Alb. Man fand drei 8000 Jahre alte Schädel von Mann, Frau und Kind aus der Mittelsteinzeit, sowie, schauerlich genug, in einer Grube am Höhleneingang aus der Jungsteinzeit eine 6000 Jahre alte »Knochentrümmerstätte«. Über tausend Skelettteile von mindestens 54 Menschen waren darin.

Was war das für ein Massengrab? Waren unsere Vorfahren etwa Menschenfresser? Kannibalismus auf der Schwäbischen Alb? Eine zeitlang vertrat man allen Ernstes diese These.

An Ort und Stelle – Plätze und Funde

... und gleich nebenan die **Bärenhöhle**.

Oder diente diese Grube der Sekundärbestattung? Das heißt also: Sammelte man hier die Knochen von früher an verschiedenen Stellen der Umgebung Begrabenen? Also eine Art »Beinhaus«, wie man es bei uns in Klöstern und in alten Kirchengewölben findet? Derartige »Ossuarien« wurden zum Beispiel angelegt, um wieder Platz in Katakomben oder auf Friedhöfen zu schaffen. Oder waren es kultische Gründe, weshalb man die Gebeine seiner Vorfahren an einer Stelle sammelte? Ein besonderer Totenkult? Wir wissen es nicht.

Die eigentliche Sensation der Stadelhöhle jedenfalls blieb Jahrzehnte lang unerkannt, obwohl sie die ganze Zeit in einer alten Zigarrenkiste im Ulmer Museum versteckt lag. (Eine solche Zigarrenkiste ist übrigens im Ulmer Museum ausgestellt.) Schuld daran war der Zweite Weltkrieg. Als er ausbrach, wurden die Grabungen abgebrochen und alle Funde sorgsam verpackt und – vergessen. Rund 30 Jahre später stieß ein junger Wissenschaftler auf die alte Zigarrenkiste mit 200 Elfenbeintrümmerstücken und versuchte, das Ganze irgendwie zusammenzusetzen. Die Sensation war perfekt: Es entstand der Löwenmensch, dieses mehr als 30 000 Jahre alte Mischwesen aus Mensch und Tier. (Es dauerte allerdings noch bis 1988, bis dieses Kunstwerk im Ulmer Museum der Öffentlichkeit vorgestellt werden konnte.)

Wer wissen will, wo genau der Löwenmensch gefunden wurde: Es war hinten im vergitterten, unzugänglichen Teil der Höhle.

Es gibt zwei Möglichkeiten, zum Hohlenstein zu gelangen:

1. Vom Vogelherdparkplatz zurückfahren zum großen Parkplatz auf der anderen Talseite. Dort geht ein Weg am Talrand entlang. Ihm muss man etwa zwei Kilometer folgen, bis man auf eine quer laufende Schotterstraße stößt, die das Tal durchquert. Auf dieser Schotterstraße das Tal durchqueren. Wo die Straße auf der anderen Seite an den Hang stößt und bergauf weitergeht, muss man leider ohne Weg und Steg nach links auf die Wiese im Tal laufen, dann am Waldrand entlang zwei-, dreihundert Schritte. Aufpassen: Rechts im Wald kommen auf einmal Felsen, hier den Trampelpfad beachten und nach wenigen Metern steht man vor den Höhlen. Danach auf dem gleichen Weg zurück oder zehn bis 15 Minuten die Schotterstraße weiter bergauf gehen. Oben dann dem Schild »Lindenau« folgen und im Weiler ländlich/sittlich unter Barockgiebeln im Lokal »Zum Schlössle«, im Sommer auch draußen an mammutförmigen Holztischen, einfach, aber reichlich essen. (Was man nicht schafft, wird einem auch eingepackt.) Montags Ruhetag.

2. Man fährt gleich von der Vogelherdhöhle über Stetten, Oberstotzingen und Rammingen nach Lindenau »Zum Schlößle«, parkt dort und wandert, auch hier ohne jedes helfende Schild, zu den Höhlen: Am Gasthof vorbei den Weg Richtung Wald nehmen, im Wald nach wenigen Schritten an einem Grillplatz geht's links bergabwärts, dann immer rechts halten. Dort, wo die Schotterstraße unten im Tal ankommt, rechts halten, auf die weglose Wiese laufen und – wie bei der vorigen Möglichkeit – am Waldrand entlang den Trampelpfad und die Felsen suchen.

Bocksteinhöhle und Bocksteinschmiede

Wie nett das doch die Natur eingerichtet hat: Alle zwei Kilometer kommt in diesem Tal die nächste Höhle. Vom Hohlenstein wieder zweitausend Meter Flüsschen aufwärts und damit noch weiter von der Vogelherdhöhle weg, kommen wir zur Bocksteinhöhle und der benachbarten Bocksteinschmiede, dem ältesten Siedlungskomplex des Neandertalers in Süddeutschland, 50 000 bis 70 000 Jahre alt. Wir wollen diese Tatsache gebührend würdigen, denn an Kunstwerken oder Skelettteilen haben die beiden Höhlen nichts Besonderes zu bieten.

Dabei war es wieder mal Rulaman, der zur Erforschung dieser Höhle führte: Der Langenauer Förster Ludwig Bürger hatte den 1873 erschienen »Rulaman« gelesen und angeregt von Funden im Hohlenstein daraufhin 1881 zusammen mit dem Öllinger Pfarrer Friedrich Lösch in der Bocksteinhöhle nachgegraben. Sie fanden zwei Skelette, das einer Frau und das eines neugeborenen Kindes, die allerdings beide im Lauf der Zeit verloren gingen. Doch wie es manchmal geht: 1997, also 118 Jahre später, wurde das Skelett des Kindes wiederentdeckt und auf 6200 Jahre vor Christus datiert.

Von bleibenderem, wenn auch zweifelhaftem Wert war eine andere Tat des Försters Ludwig Bürger. Da ihm die beiden Zugänge zur Höhle zu eng erschienen, sprengte er

Höhlen als Schutz und nicht als Versteck, am Berghang und nicht im Berg, mit Tageslicht und ohne Fackel ...

… nur bequem waren sie nicht.

kurzerhand bei einer einen Teil der Höhlenwand weg, sodass man heute durch einen sieben Meter breiten Durchlass in die kaum 16 Meter tiefe und neun Meter breite Höhle einen guten Einblick und einen bequemen Einstieg hat.

In den Dreißiger- und Fünfzigerjahren des letzten Jahrhunderts grub man noch einmal nach, die Ausbeute aber war auch diesmal gering: Man fand größere Mengen Werkzeugschutt, das war alles.

So können wir unbeschwerten Herzens die Löcher besichtigen und uns dann oberhalb der Bocksteinschmiede in einer kleinen Hütte auf einer Bank niederlassen und den Ausblick genießen.

Die Bocksteinhöhle liegt zwischen Bissingen und Öllingen nicht weit vom Lonetal auf einer Anhöhe. Kommt man von Öllingen her, stößt man rechter Hand auf ein wenig auffälliges Schild »Bocksteinhöhle 200 m«. Man kann auf einem Wanderparkplatz an der Lone parken. Rechts am Weg findet man dann ein Schild »Bocksteinhöhle 200 m«. Von da läuft man etwa 100 Meter über einen Feldweg, am Waldrand geht es dann kurz, aber steil den Hang hinauf zur Bocksteinhöhle. Wohl dem, der festes Schuhwerk hat. Nach zwei Drittel Höhenanstieg liegt links der Eingang der Höhle. Rechts, aber etwas tiefer, das Bocksteinloch, dessen Vorplatz die eigentliche »Bocksteinschmiede« ist.

»Oberlichter« bringen genügend Helligkeit ins Höhlendunkel.

Blaubeuren – Höhlenleben

Falls man gerade nicht weiß, wo Ach und Blau fließen: Bis Blaubeuren ist's die Ach, ab Blaubeuren und bis Ulm heißt das Flüsschen Blau, weil es jetzt das Wasser des Blautopfes führt.

Hier an Ach und Blau gibt es, wie im Lonetal, ein paar Höhlen, zu denen zu pilgern Herzensanliegen eines Steinzeitfans ist, denn, so ein Prospekt: »In den Höhlen rund um Blaubeuren, im Achtal und Blautal, haben Archäologen bedeutende Funde aus der Epoche des Aurignaciens vor 30 000 bis 40 000 Jahren gemacht. Spektakulär und weltweit einzigartig sind verschiedene Elfenbeinfiguren und drei Flöten, die ›ältesten Musikinstrumente der Erde‹.« Und so lockt der Anfang 2007 erschienene Tourismus-Prospekt des Alb-Donau-Kreises weiter: »Aufgrund ihrer natürlichen Gegebenheiten sind die Höhlen reizvolle und beliebte Ausflugsziele. Markierte Wanderwege führen Besucher zu den Höhlen und Fundplätzen.«

Also auf und hin!

Die Große Grotte

Wir wollen zur Großen Grotte, die unter dem weithin sichtbaren Rusenschloss liegt, einer bizarren Burgruine hoch über Blaubeuren. Weder im Ort noch in der Umgebung ein Schild, weder zur Burgruine noch gar zur Höhle. Jemand rät uns, zum »Sportplatz und Naturfreundehaus«

Zu Recht eher Grotte als Höhle – in der grünen Jahreszeit freilich ohne Blick ins Tal

Die Große Grotte: schwer vorstellbar als Lebensraum für Alte und Junge, Kinder und Greise

zu fahren, da könne man hinauf. Wir fahren zum Sportplatz und Naturfreundehaus zwischen Blaubeuren und Gerhausen, da kann man parken, man sieht eine Eisenbahnbrücke und hat dahinter die Ruine. Was will man mehr. Hinter der Eisenbahnbrücke geht ein Steg über die Blau und dahinter ein breiter Weg nach oben. Aber sind wir hier richtig? Kein Schild, kein markierter Wanderweg. Soll man da auf Verdacht bergauf stapfen?

Ein Einwohner rät uns, man könnte ja auch von oben her die Burgruine erreichen. Also fahren wir nach Sonderbuch. Auch dort keinerlei Schild, schon gar nicht an der entscheidenden Stelle, wo man abbiegen und parken muss, um von da den einzigen Weg zur Ruine zu finden. Von der Höhle auch hier kein Wort.

Immerhin: Ein schöner, nicht allzu steiler Waldweg, etwa anderthalb Kilometer lang, führt zur Burgruine, unter der also die Grotte sein soll. Dort führen verschiedene Trampelpfade nahezu senkrecht nach unten. Welcher ist es? Kein Schild, kein Hinweis. Immerhin gut zu wissen, dass die Höhle ansonsten frei zugänglich ist, außer zur Brutzeit der Wanderfalken. Zu dumm, dass man so leicht vergisst, wann doch die Wanderfalken brüten. Man erfährt es, im Zweifel zu spät, wenn man vor der Höhle steht: »Betretungsverbot der Großen Grotte«, steht da in elegantem Deutsch, und: »Die ›Große Grotte‹ darf zum Schutz von brütenden Vögeln jährlich in der Zeit vom 01.01 bis 15.07. nicht betreten werden ...« Das gilt aus irgendwelchen Gründen auch den ganzen Oktober über, sodass die Höhle praktisch nur im August und September zugänglich ist.

Ganz gleich, wie weit jeder kommt, darf oder sich traut, will ich nun ohne weitere Sucherei beschreiben, was man hätte sehen wollen, können oder gar müssen.

Die Grotte ist ein 17 Meter hohes und 15 Meter breites Felsentor, das hell und luftig 28 Meter in den Berg hineinführt. Das war freilich nicht immer so. Einst war es eine ordentliche Höhle mit einem kleinen Eingang und dunklem Inneren – bis dann, allerdings schon vor unvordenklichen Zeiten, die vordere Felswand abbrach und aus der Höhle eine offene Grotte wurde, in die seitdem der Wind Schnee und Regen bis in den hintersten Winkel hineinweht. Trotzdem haben hier, in dieser offenen Grotte, einst Neandertaler gewohnt, man kann es an den Steinwerkzeugen feststellen und einer seltenen Speerspitze aus Knochen.

Die Frage ist berechtigt: Was kann selbst einen simplen Neandertaler bei den vielen Höhlen ringsum bewegt haben, in einem Loch auszuhalten, das ihn statt davor zu schützen, dem Wind und dem Regen überhaupt erst aussetzt?

Die Antwort ist der Grund, weshalb wir hierher gepilgert sind. Die Herren Neandertaler haben sich ganz hinten in der Grotte einen Windschutz gebaut. Es ist ein Steinwall, der den hinteren Teil abtrennt. Auch wenn die Mauerreste heute nach nichts aussehen, hier sollten einen pflichtschuldigst Ehrfurchtsschauer durchrieseln. Wir stehen, wenn es denn stimmt, vor den mit am ältesten noch vorhandenen Bauwerken der Menschheit, zumindest vor dem ältesten Bauwerk von Menschenhand in unserem Gebiet.

Die Große Grotte hat allerdings nicht das einzige Steinzeitmäuerle. Wir wechseln nun zu den Höhlen an der Ach. Gleich in der ersten, der Brillenhöhle, finden wir Ähnliches.

Die Brillenhöhle

Kaum einen Kilometer hinter Blaubeuren liegt die Brillenhöhle, so genannt, weil man in der Höhle durch zwei runde, nebeneinander liegende große Löcher den Himmel sehen kann.

Wir suchen also die B 492, an der die Höhle sein soll. Die Straße ist lang, kein Schild, kein Nichts. Probieren wir's. Man fährt die B 492 Richtung Schelklingen. Etwa 150 Meter hinter dem Tunnel auf der rechten Seite ist ein geschotterter Parkplatz (genau gegenüber dem Ortsausgangsschild). Von dort geht der Weg in steilem Zickzack und zum Teil mit Treppchen 95 Meter zum Höhleneingang nach oben. Das lohnt sich freilich nur für Asketen oder Masochisten, denn die Höhle ist immer geschlossen und kann nur nach Absprache mit dem Urgeschichtlichen Museum in Blaubeuren besichtigt werden. Damit aber die armen Museumsleute nicht den lieben langen Tag immer wieder wegen zwei oder drei Touristen jemanden mit dem Schlüssel mitschicken müssen, kostet eine Besichtigung 75 Euro.

Mühsam zu erreichen, nicht zu besichtigen, aber lichtdurchflutet –
die Brillenhöhle

Dabei wäre sie mit ihren 250 Quadratmetern Fläche eine reizvolle Höhle gewesen, drei bis sechs Meter hoch, hell, luftig und übersichtlich. Immerhin: Man kann ganz ohne Bezahlung wenigstens durch das Gitter in die Höhle hineinsehen. Das Besondere sieht man freilich nicht. Die Jäger der Jungsteinzeit haben sich in dieser Höhle zwei separate »Zimmer« gebaut, zwei Steingehäuse, indem sie Gesteinsbrocken mit flachen Kanten zusammen- und übereinander geschoben haben, bis aufrechte Wände entstanden. Oben dann Stangen quer über, Felle darauf gespannt und fertig waren die vor Wind und Kälte geschützten Zimmer. Eins im Format sechs auf fünf Meter und sogar heizbar, wie man an den Resten von Knochenkohle heute noch feststellen kann.

Das zweite Zimmer, mit fünf Quadratmetern Fläche eher ein Kabäuschen, war nicht heizbar, weshalb die Archäologen an eine Art Speisekammer denken, wo man das getrocknete Fleisch zum Schutz gegen Raubtiere aufbewahren konnte. Denn zu jagen gab es hier allerhand, wie man an den Resten feststellen konnte: Rentier, Wildpferd, Steinbock und Gemse, überraschenderweise auch Schneehuhn und Hase.

Die Sirgensteinhöhle

Versuchen wir's bei der nächsten Höhle, vielleicht ist die offen. »Sirgensteinhöhle« heißt sie, aber nirgendwo in Blaubeuren gibt es ein Schild. Wo also geht es lang? Immerhin, im Prospekt lese ich, dass vom Parkplatz an der B 492 ein Weg zur Höhle führt. Von welchem Parkplatz jedoch?

Bühnenbild für eine Wagneroper ...

... Kletterparadies für Buben ...

Doch, Heissa!, da ist, auf halbem Weg nach Schelklingen, ein großer Wanderparkplatz mit Notrufsäule, von da geht's, auf der gleichen Seite wie die Brillenhöhle, nach oben.

Im Gegensatz zur Brillenhöhle ist diese hier frei zugänglich, »außer zur Brutzeit des Wanderfalken«. Danke für den Tipp. Nur: Wann brüten jetzt nochmal die Wanderfalken? Wer's gerade nicht weiß: Eiablage ab Mitte März, an die 40 Tage Brutzeit, noch mal an die 40 Tage Nestzeit. Also im Grunde wie bei der Großen Grotte tabu bis Mitte Juli …

Wer sich nach den bisherigen Beschreibungen nun nicht mehr traut, zur Höhle hinaufzusteigen, der muss nicht aufgeben. Im Urgeschichtlichen Museum ist der Eingang der Sirgensteinhöhle im Modell nachgebaut, sogar ganz anschaulich mit einer Horde Steinzeitmenschen vor der Höhle, die ums Feuer sitzen und an langen Stecken ihr Fleisch braten.

Dabei ist sie eine eindrückliche Höhle. Vom geradezu pompösen Eingang unter überhängenden Felsen, wo die Rulamans zu speisen pflegten, geht ein niedriger und ziemlich enger Gang in eine Kuppelhalle mit Dachfenster. In der etwa 40 Meter langen Höhle haben über 60 000 Jahre hinweg immer wieder Menschen gewohnt und gelebt! Was für Gedanken einem da kommen: Da drin stehen und sich ausdenken, wie viel tausend Menschen in dieser Höhle über die Jahrtausende hin gelebt haben. Sich vorstellen, dass dies vielleicht die oder wenigstens eine der ältesten und für lange Zeit benutzte Unterkünfte der Menschheit ist …

… seit Urzeiten Schutz und Domizil: die Sirgensteinhöhle

An Ort und Stelle – Plätze und Funde

Geißenklösterle

Das beste Rezept: Gar nicht erst nach Schildern suchen, sondern von Blaubeuren aus auf der üblichen B 492 Richtung Schelklingen fahren. Hinter »Weiler« an der Ampel nach links abbiegen und über die Bahngleise sausen. An einem Bauernhof vorbei, bei einer Linde links über die Brücke zu einem Parkplatz und eine Gedenksäule für einen Joachim Hahn passierend den Weg in steilem Zickzack etwa 60 Meter über Talgrund hochsteigen.

Und schon ist man in der »Konzerthalle des Aurignacien«, wie die Werbung stolz verkündet, seit man da neben drei Elfenbeinfiguren auch gleich drei steinzeitliche Flöten gefunden hat. Zwei aus Schwanenknochen und eine aus Elfenbein, alle an die 35 000 Jahre, nach anderen Schätzungen 40 000 Jahre alt. Eins ist sicher, es sind die ältesten bekannten Musikinstrumente der Welt.

Eine dieser nur in Trümmerstücken gefundenen Flöten hat man aus 23 Fragmenten wieder zusammensetzen können. Ergebnis: Diese »Schwanenflügelknochen-Flöte« ist 12,6 Zentimeter lang, hat einen maximalen Durchmesser von elf Millimetern und eine Wandstärke von weniger als 1,5 Millimeter.

Die figürlichen Darstellungen zeigen, nur wenige Zentimeter groß, einen Bären,

Geißenklösterle: tatsächlich die »Konzerthalle des Aurignacien«

ein Wisent und ein Mammut und – in der Steinzeit bisher einmalig – eine Menschenfigur mit rechtwinklig erhobenen Armen. Da das die klassische Haltung eines Anbetenden ist, nennt man das 1978 gefundene Figürchen auf Lateinisch den »Adoranten«, ganz gleich, ob die Deutung nun zutrifft oder nicht. Wir erinnern uns: Bisher kannte man Männer ja nur als Jäger oder als Mensch-Tier-Mischung im »Löwenmenschen«.

Zur Höhle selbst: Endlich mal eine Höhle, die sich anders präsentiert. Nicht nur ein dunkles Loch in der Felswand. Da steht erst einmal ein feierlicher Torbogen aus Fels. Dann folgt eine Art nach oben offene Arena, in deren Felswand,

dem Torbogen genau gegenüber, endlich das schwarze Loch auftaucht, das in die eigentliche Höhle führt. Oder um im Bild zu bleiben, man sieht Portal, Foyer und Konzertsaal ...

Hier macht es nun kaum noch etwas aus, dass die Höhle, gerade eben mal zehn Meter lang, acht Meter breit und drei Meter hoch, verschlossen ist. Man übersieht beim Blick durchs Gitter ohnehin das Ganze, und drin gibt's nichts Besonderes.

Der Hohle Fels

Zu guter Letzt eine Steinzeithöhle, in die man hinein muss und auch hinein kann. Sie ist so bequem, so flach und so groß, dass sie auch von Rollstuhlfahrern besucht werden kann. Wir sind an der Höhle »Hohler Fels«, ein 30 Meter hoch aufragender Kalkfelsen im Achtal kurz vor Schelklingen. Man biegt, von Blaubeuren kommend, links Richtung Freibad ab, von dort weiter Richtung »Hohler Fels«, wo genügend Parkplätze sind. Ein nüchternes, ernüchterndes Gittertor, ein langer Tunnel – aber dann ... Eine bizarr schöne, 500 Quadratmeter große Höhle mit Gängen, Seitenwegen und ausladenden Steinsäulen dazwischen erwartet uns. Wir stehen in einer der größten Höhlenhallen der Schwäbischen Alb, zugleich einem der wichtigsten Fundorte der Steinzeitkunst. Hier hat man gleich drei etwa 35 000 Jahre alte Elfenbeinschnitzereien gefunden: einen Wasservogel, einen Pferdekopf und den »kleinen Löwenmenschen«, nahezu ein Duplikat des berühmten »Löwenmenschen« vom Lonetal – wie die anderen beiden Funde kaum drei Zentimeter groß.

Hier wie in der Sirgensteinhöhle hat man das geradezu authentische Gefühl,

Der »Hohle Fels«: eine Höhle, auch für Rollstuhlfahrer geeignet

an einer uralten Wohnstätte zu sein. Hier kann man sich das Leben einer Sippe vorstellen: eine geräumige Höhle, nahe am Wasser. Nicht diese beklemmenden Löcher hoch oben an steilen Hängen, weit ab vom Wasser, wo man sich nur schwer vorstellen kann, wie Menschen damals ohne Hilfsmittel ihre Jagdbeute – ganze Bären und Elefanten – und ihr Brennholz hintransportiert haben sollen.

Hier, im Urtal der Donau, wo Höhle an Höhle liegt, ist das anders. Hier kann man sich eine richtige kleine Bevölkerung vorstellen, die füreinander einstehen konnte und hier Jahrtausende um Jahrtausende ihre Heimat hatte.

Der Jammer ist nur: Man kann zwar in die Höhle hinein, aber nur sonntags und dann auch nur für drei Stunden.

Notabene:

Öffnungszeiten: 1. Mai bis 31. Oktober nur sonntags von 14 bis 17 Uhr, wochentags nach Vereinbarung.

Eintritt: Erwachsene Euro 2, Kinder Euro 1.

Anmeldung: Telefon (0 73 94) 5 95 (Herr Haggenmüller), (0 73 94) 16 40 (Herr Blumentritt), (0 73 94) 26 85 (Herr Frey).

Die Höhle ist einmal im Jahr, beim Höhlenfest Ende August/Anfang September, ganztägig geöffnet und beleuchtet.

Heubach – die Rosensteinhöhlen

Das gibt es gar nicht wieder. Im Rosenstein, einem 735 Meter hohen Vorsprung des Albtraufs oberhalb von Heubach im Schwäbischen Oberjura, finden sich mehr als 40 Höhlen – ein Mekka für die Höhlenfans. Allerdings kann sich unsereiner glatt mit einem knappen halben Dutzend zufrieden geben, zumal sie bequem über Wanderpfade erreichbar sind.

Da wäre die »Kleine Scheuer«, gerade eben mal »nur« 24 Meter lang, da wäre die Dreieingangshöhle mit ihren verschiedenen Gängen und kleinen Hallen. Da gibt es die Durchgangshöhle das »Finstere Loch« (der hintere Ausgang ist allerdings aus Sicherheitsgründen verschlossen) mit ihren verschiedenen Hallen und dem »Fenster« auf halbem Weg. Da ist das 30 Meter lange »Haus« mit seinem geradezu gotischen, zehn Meter hohen Spitzbogenportal. Und da gibt es schließlich und konsequenterweise auch die »Große Scheuer« mit ihrem imponierenden Gewölbe, um die sieben Meter hoch und 44 Meter lang.

Dass alle diese Höhlen von der Steinzeit an immer wieder bewohnt und benutzt waren, kann man sich gut vorstellen. Nirgendwo anders konnten Rulamans Horden gleich Sippenweise in Höhlen so nahe

Die Rosensteinhöhlen machen was her ...

... sie sind riesig, zahlreich ...

beieinanderwohnen wie hier. Und so war es denn auch. In der »Kleinen Scheuer« wohnten Mammutjäger, in der Dreieingangshöhle fand man steinzeitliches Werkzeug. Zu Urgroßvaters Zeiten hat sich daher einmal jemand die Mühe gemacht und in altväterlicher Sütterlinschrift die Worte »Hier wohnte der Mensch der Eiszeit« in die Feldwand gegraben.

Nachweislich wohnten später auch andere in den Höhlen, im »Haus« zum Beispiel fand man Überbleibsel aus der Bronzezeit, auch in anderen Höhlen konnte man Bewohner der Bronze- und der Hallstattzeit nachweisen, sogar »Einwohner« aus der Römerzeit.

Bleiben wir aber in der uns allmählich vertrauten Steinzeit. Ich jedenfalls kann mir hier in einem solchen Höhlenverband Leben und Überleben in der Steinzeit leichter vorstellen als in einsamen Höhlen an Steilhängen. Nicht nur, dass der Mensch eher gesellig ist, wenn schon kein Herdentier, die Überlebenschancen stiegen, wenn man manches gemeinsam erledigen konnte, angefangen vom Feuerholzsammeln bis hin zur Jagd und dem Transport der oft riesigen Beutetiere.

Sobald man es verstand, Häuser zu bauen, entstanden ja auch sofort Siedlungen wie die Pfahlbaudörfer, gemeinsam war man eben stärker. Versuchen wir also vielleicht einmal, dieses moderne Touristik- und Wandergebiet unter diesem Aspekt zu sehen, die Rosensteinhöhlen als erste kleine Ansiedlung, als Rulamansweiler vielleicht oder gar Rulamansdorf ...

... und von Licht durchflutet.

Von Schwäbisch-Gmünd aus sind es in südöstlicher Richtung zwölf Kilometer bis nach Heubach. Im Ort rechts abbiegen und bergauf zum Wanderparkplatz am Rosenstein fahren. Die Wanderwege sind durch häufige Benutzung deutlich zu sehen, der Weg zum »Finsteren Loch« dauert etwa 20 Minuten. Alle Höhlen sind gefahrlos begehbar, wenn auch oft unbequem. Taschenlampe nicht vergessen!

Unteruhldingen – ein Leben auf Pfählen

Das Museumsgebäude ist auf früher mal moderne Weise so elegant-klobig und viereckig, dass der Kontrast mit den leicht schwebenden und dagegen geradezu filigran wirkenden Pfahlbauten dahinter nicht größer sein könnte. Genießen wir also erst einmal vor dem Hintergrund der Berge das »Stadtbild« einer auf dem Wasser schwebenden, durch Stege verbundenen Siedlung.

Vor 3000 Jahren gab es aberdutzende solcher Pfahlsiedlungen, rund um den Bodensee an die hundert, manche davon mit 80 Häusern und 400 bis 500 Bewohnern – für damalige Verhältnisse schon echte »Kleinstädtchen«. Sie alle sind vergangen.

Bis 1922 der »Pfahlbauverein Unteruhldingen« unter Georg Sulger daranging, hier im tausend Jahre alten »Oweltinga« eine Pfahlbausiedlung zu rekonstruieren. Unter wissenschaftlicher Anleitung baute der Verein nach dem Muster von Ausgrabungen im Federsee-Moor bei Bad Schussenried die ersten beiden Pfahlbauhütten. Sie stehen heute noch und dienen als »Pfahlbaukino« und als Schuppen für Baumaterialien.

Heute erwartet den Besucher ein ganzes Dorf, mit Häusern hart am Ufer und einem nur mit Stegen erreichbaren »Ortskern«

Einst gab es Dutzende von Pfahlbaudörfern am Bodensee wie hier in Unteruhldingen, das seit 1922 liebevoll wieder auf- und nachgebaut wird.

Und was hier nicht alles ausgestellt wird! Bei allem Fortschritt – seltsam, wie manche Situationen über die Jahrtausende hin gleich bleiben.

mitten im Wasser, sogar mit einem Wehrumgang, über den die Gelehrten noch streiten, wie authentisch er wohl ist.

Hat man seinen Obolus bezahlt, sollte man sich einer Führung anschließen, damit man auch die sonst verschlossenen Räume sieht und alles erklärt bekommt. Danach kann und sollte man noch einmal nach eigenem Gusto und Rhythmus über die Stege pilgern und die übrigen »Häuser« besichtigen. Sie sind sachkundig und liebevoll möbliert und in ihnen »agieren« sogar Nachbildungen von Steinzeitmenschen – übrigens auch noch ganz andere Bewohner jener Zeit. Man muss sich nur geruhsam ein bisschen umsehen und entdeckt dann plötzlich Mäuse im Gebälk und sogar einen Nachtvogel, der sich gerade mit starrem Blick sein Futter unter den Mäusen aussucht.

In den nur mit Führung zugänglichen Häusern sind Gerätschaften, Werkzeuge und Dinge des täglichen Lebens ausgestellt, die einem helfen, sich das Leben vor 6000 Jahren vorzustellen. Alles zusammen eine gelungene Art, den völlig anderen Lebensstil einer völlig anderen, längst vergangenen Welt erlebbar zu machen. Wenn dann gar noch schönes Wetter ist, könnte man Rulaman und seine Horden fast beneiden, die ab und zu aus dem »Gebirge« bei Urach ins flache Land zogen und einige Zeit am Bodensee in Pfahlbaudörfern verbrachten.

Das Pfahlbaumuseum ist bereits auf der B 31 ausgeschildert. Sobald man in Uhldingen auf der Meersburger Straße an den Parkplatz beim Reptilienhaus kommt (auf dessen Schild auch das Pfahlbaumuseum genannt wird), unbedingt parken. Im Ort selbst ist für Tagesbesucher keine Möglichkeit dazu. Das »Uhldinger Kurbähnle« bringt einen von dort in flottem Shuttle-Verkehr (2 Euro für die Rückfahrkarte pro Person) zu den Pfahlbauten.

Öffnungszeiten: 17. März bis 31. März, täglich 9 bis 17 Uhr, 1. April bis 30. September, täglich 9 bis 19 Uhr, 1. Oktober bis 4. November, täglich 9 bis 17 Uhr, November bis März, an Wochenenden und Feiertagen 9 bis 17 Uhr. Von Montag bis Freitag gibt es um 11 und 14:30 Uhr Führungen für Gruppen (Voranmeldung).

Eintritt für Erwachsene: Euro 6,50, obligate Führung inbegriffen, wenn man alles sehen will. Kinder, Studenten und Gruppen verbilligt.

Kontakt: Pfahlbaumuseum, Strandpromenade 6, Telefon (0 75 56) 85 43 und 65 37, Fax (0 75 56) 58 86, E-Mail: info@pfahlbauten.de, Internet: www.pfahlbauten.de

In der Umgebung: Insel Mainau (regelmäßiger Schiffsverkehr) und wenige Kilometer hin in Richtung Überlingen die barocke Wallfahrtskirche Birnau; nach der anderen Seite Schloss Meersburg.

Drei Bauphasen und Bauformen – aber ein Dachschmuck

Federseemuseum Bad Buchau – Steinzeit zum Nacherleben

Zu guter Letzt das Federseemuseum in Bad Buchau. Wegen der Dauerausstellung im Museumsgebäude allein muss man aber nicht nach Bad Buchau fahren. Hier sind Funde der ausgehenden Stein- und der beginnenden Bronzezeit aus der näheren und weiteren Umgebung des Federseemoores in den üblichen Museumsvitrinen ausgestellt: eiszeitliche Werkzeuge und Geräte aus Rentiergeweih und Feuerstein, wunderschöne Metallarbeiten, keltische Weihefunde, perfekte Speerspitzen mit Widerhaken, ein ganzes Arsenal von Importwaren und »anthropogenen Ablagerungen«. Dazu das uns schon bekannte 5000 Jahre alte Wagenrad. Alles gut gemacht und lehrreich zu sehen.

Nach Buchau zu fahren lohnt sich aber, wie in Unteruhldingen, vor allem wegen der Nachbauten. Hier wird noch einmal anschaulich dargestellt, wie unsere Urahnen in ihren Blockhütten gelebt haben, auch wenn sie nicht mehr auf Stelzen im Wasser stehen wie am Bodensee. Aus dem See und dem Moor ist hier inzwischen längst »Festland« geworden ist.

Ach, wenn man dann eine Schulklasse erlebt, die voller Eifer mit echten Steinzeitmessern Möhren schält und mehr oder weniger perfekt in Scheiben schneidet, um sich dann am offenen Feuer ein Mittagessen zusammenzurühren, ja, da möchte man am liebsten auch hinknien und auf flachen Steinen seinen Kohlrabi häckseln. Oder wenn da ein Junge aus einer Blockhütte kommt und vorsichtig, aber selig ein Stück rauchenden Zunder zwischen den Fingern hält, dann möchte man sich drinnen zu den anderen dazuhocken, mit Feuersteinen Funken schlagen und versuchen, trockenen Bast, trockenes Moos oder Rinde in Brand zu kriegen.

Auch im Federseemuseum in Bad Buchau finden wir verschiedene Haustypen und Bauformen.

Es gibt hier in Buchau Termine für die verschiedensten Steinzeitbeschäftigungen, bei denen man lernt, Steinkeile zurechtzuschlagen, Brot am Lagerfeuer zu backen, mit Pfeil und Bogen zu schießen, Speerschleudern zu bauen, Stoffe zu weben oder Pflanzen und Kräuter der Steinzeit zu verwenden.

Dann kann es gut passieren, dass man die »Venus von Willendorf« in Originalgröße als Seifenstück kaufen kann. Wenn man noch mehr Glück hat, erwischt man auch das Wochenende, an dem man abends am Lagerfeuer sein Steinzeitmenü herstellen kann und anschließend in den jungsteinzeitlichen Häusern übernachtet ...

All das erfährt man, wenn man sich im Museum den Katalog »Archäologie live!« beschafft oder die richtige Seite im Internet anklickt. Nun kann der Steinzeit-Fan unter rund sechzig Terminen das Passende für sich aussuchen.

Kurzum: Das Federseemuseum ist ein Museum, das zum Glück nicht als solches daherkommt.

Den Rest des Tages kann man gedeihlich per »Kombikarte« verbringen, also die reine Natur genießen und das Federseemoor erwandern oder den Nachbarort Kanzach anfahren und die aus Holz rekonstruierte »Bachritterburg« der Herren von Kanzach besichtigen. Die taucht ohne die Spur eines Hinweisschildes am Ortsende von Kanzach direkt neben der Straße auf. Auch hier gibt es das Jahr über eine Reihe von Sonderpro-

Steinzeit heute: eine Schulklasse im Buchauer Federseemuseum beim Gemüseputzen und Schneiden mit Steinmessern

Gerade dass nicht alles aufs i-Tüpfelchen perfekt ist, macht das Federseemuseum so lebendig.

grammen (E-Mail: info@bachritterburg.de, Internet: www.bachritterburg.de) und eine Burgschänke, die einen mit Met, Museumsbier, Landfrauenkuchen oder einem deftigen Vesper versorgt.

Informationen:

Federseemuseum, August Gröber Platz, 88422 Bad Buchau. Das Museum ist im Ort ausgeschildert.

Öffnungszeiten: 1. April bis 1. November, täglich 10 bis 18 Uhr, 2. November bis 31. März, nur sonntags 10 bis 16 Uhr. Gruppen nach Voranmeldung auch außerhalb der Öffnungszeiten.

Eintrittspreise: Einzelbesucher 5 Euro, Schüler, Studenten, Schwerbehinderte 4 Euro, Gruppen ab 10 Personen (pro Person) 4 Euro, Schulklassen 2 Euro, Familien (mit Kindern bis 16 Jahre) 11 Euro.

Die Kombikarte »ArchäoPark Federsee« (Federseemuseum, Federseesteg und Bachritterburg) kostet für Einzelpersonen 8,50 Euro, für Familien 20 Euro.

Kontakt: Telefon (0 75 82) 83 50, Fax (0 75 82) 93 38 10, E-Mail: info@federseemuseum.de, Internet: www.federseemuseum.de oder www.archaeopark-federsee.de

Blaubeuren
*Macht Steinzeit fassbar –
das Urgeschichtliche Museum*

Es ist ein kleines, aber gut gemachtes Museum, das durchaus weiß, was es zu bieten hat. Und so klingt auch erst einmal der amtliche Prospekt:

»Die Höhlen rund um Blaubeuren gehören zu den wichtigsten archäologischen Fundstellen Europas. Sowohl die Neandertaler als auch der anatomisch moderne Mensch haben hier am Rande der Schwäbischen Alb gelebt. Das Urgeschichtliche Museum zeigt verschiedene Lebensaspekte dieser beiden Menschenformen, den Wandel der Werkzeugtechnologie über die Jahrtausende hinweg und die Entwicklung der steinzeitlichen Kultur.«

Entscheidend ist, wie es sie zeigt. Natürlich sind die meisten Exponate hinter Glas in Vitrinen, das geht nun mal in Museen nicht

Plastische Guckkastenmodelle in der Blaubeurer Schau zeigen das Leben von damals – hier eine Steinzeitfamilie am Grillfeuer unterm Höhlenvordach.

Ein Stückchen weiter: der Mann als Jäger und Beschützer, gekleidet in Leder

anders. Was man aber sieht, ist so ausgesucht und in seinem »museumspädagogischen Programm« so arrangiert, dass man mit Gewinn Schulklassen durchtreiben kann, um ihnen klar zu machen, was Steinzeit heißt. Wie sahen die damals aus, was hatten sie an, wie lebten sie in den Höhlen ... Eine Präsentation, jeweils verständlich erklärt und beschrieben, die auch für Erwachsene nicht zu simpel gemacht ist.

Werbetext: »Das umfangreiche museumspädagogische Programm macht Steinzeit direkt fassbar.« Beispiel: Hier hat man endlich einmal die ergänzten Nachbildungen der berühmten Schädelfunde vom »Homo rudolphensis« bis zum Homo sapiens sapiens nebeneinander und kann zusehen, wie wir uns aus einem affenähnlichen Wesen zum modernen Menschen entwickelt haben, wie die Augenbrauenwülste zurückgingen, das Kinn vorsprang und die Stirn ihre Form bekam.

Weitere Beispiele: Man kann in nachgebauten Szenen betrachten, wie die Urzeitler am Höheneingang ums Lagerfeuer herumsitzen und mit langen Stöcken ihre Fleischstückchen braten. Da stehen sie als lebensgroße Figuren wie im Schaufenster in Felle gehüllt und in Fellschuhen. Man sieht echte Mammutknochen und (nachgebaute) Werkzeuge und kann manchmal sogar selbst Hand anlegen. Man erfährt auf Schautafeln diese oder jene Zusammenhänge im Überblick. Ganz abgesehen von den Nachbildungen der Figuren- und Musikinstrumentenfunde aus den Höhlen draußen im Tal, die man nun hier von allen Seiten anschauen kann.

Sicher, das ist Schule, aber Anschauung schadet auch Erwachsenen nicht.

Und schließlich: Das Urgeschichtliche Museum gibt als GeoPark-Infostelle auch Auskunft über die Archäologie und Geologie der Schwäbischen Alb insgesamt.

Gut zu wissen:

Stiftung Urgeschichtliches Museum, Karlstraße 21, 89143 Blaubeuren, Telefon (0 73 44) 92 86-0, Fax (0 73 44) 92 86-15, E-Mail: urmu-blb@web.de, Internet: www.urmu.de

Öffnungszeiten: in der Sommersaison (15. März bis 31. Oktober), Dienstag bis Sonntag 11 bis 17 Uhr, montags und am Karfreitag geschlossen; in der Wintersaison (1. November bis 14. März), Dienstag bis Samstag 14 bis 17 Uhr, sonntags 11 bis 17 Uhr, am 1. November, von 24. bis 26. und am 31. Dezember geschlossen. Auf Anfrage für Gruppen auch außerhalb der regulären Öffnungszeiten geöffnet.

Eintrittspreise: Einzelkarte Euro 2,80, ermäßigte Einzelkarte Euro 1,80, Gruppen- und Familien-Sondertarife.

Ulm
Wo der Löwenmensch Hof hält – das Ulmer Museum

Dass dieses eindrückliche und in der Menschheitsgeschichte wohl älteste figürliche Kunstwerk jahrzehntelang unerkannt im Museum in einer alten Zigarrenkiste lag, klingt unglaublich und lässt sich doch einleuchtend erklären. Die Geschichte begann am 25. August 1939 auf der Ostalb am Hohlenstein-Stadel, einer Höhle im Lonetal. Hier hatte man zwei Jahre zuvor mit der systematischen Erforschung und Ausgrabung begonnen und stets alles sauber dokumentiert. An diesem 25. August 1939 aber ging alles hoppla-hopp. Hastig trug man die letzten Fundstücke zusammen und verpackte sie, darunter auch zahlreiche Bruchstücke eines Mammutzahnes, schüttete die offen daliegenden Fundstätten wieder mit Erde zu und verließ die Höhle ohne, wie sonst üblich, die Funde im Grabungstagebuch einzutragen.

Der Grund: Otto Völzel, der Grabungsleiter, trug seit wenigen Stunden den Einberufungsbefehl zum Militär in der Tasche, wenige Tage später begann der Zweiten Weltkrieg und mit den Grabungen war es vorbei.

Die Funde hob erst einmal ein Mitarbeiter auf, bis er sie schließlich elf Jahre später, im Jahr 1956, auf der Grundlage eines Schenkungsvertrages der Stadt Ulm übergab. Die wiederum übergab die Pakete dem Ulmer Museum, wo die Schätze unerkannt weitere 13 Jahre schlummerten.

Im Jahr 1969, also mittlerweile 30 Jahre später, stieß beim Inventarisieren des Museumsbestandes endlich ein Archäologe vom Landesdenkmalamt, der 27-jährige Joachim

Hahn, auf die Zigarrenkiste mit dem zerbröselten Mammutknochen – vornehm »Elfenbeinfragmente« genannt. Er bemerkte, dass die Knochensplitter bearbeitet waren und setzte mit zwei Kollegen die 200 Einzelteile in wenigen Tagen zu einer Elfenbeinfigur zusammen, die sich von allen bisherigen Funden unterschied. Es war ein aufrecht stehender, lang gestreckter menschenartiger Körper mit einem Tierkopf – ob Bär oder Löwe war wegen fehlender Stücke nicht zu entscheiden.

Aber schon geht die ohnehin unglaubliche Fundgeschichte weiter. Jahre später, 1974 oder 1975, gibt eine unbekannte Frau einem Aufseher des Museums eine kleine Schachtel mit ein paar Splittern ab, die ihr Sohn bei einer Wanderung im Lonetal in der Stadel-Höhle aufgelesen hatte. Er hatte sich dazu im hinteren Teil der Höhle durch ein Gitter gezwängt und dort zwei Elfenbeinfragmente und drei Knochensplitter gefunden.

Wieder dauerte es Jahre, bis jemand die Fragmente mit der von Hahn zusammengesetzten Figur in Verbindung brachte und probierte, ob sie da irgendwo passten. Und tatsächlich: ein Teil gehörte zum Kopf, der nun eindeutig als Löwenkopf identifiziert werden konnte, ein Teil ließ sich am linken Fuß ansetzen.

Aber noch ist die Geschichte nicht zu Ende. Wieder vergingen über zehn Jahre, bis man sich zu einer fachkundigen Restaurierung der Statuette entschloss, alles wieder auseinander nahm und die 200 Teile in mühseliger Arbeit wieder zusammensetzte und vorsichtig ergänzte. 1988 – 43 Jahre nach dem Fund! – war es endlich soweit: Der Löwenmensch wurde zur Sensation des Ulmer Museums.

Da steht der Ulmer Löwenmann, ganze dreißig Zentimeter hoch, allein als Schaustück in einem großen Raum.

Inzwischen steht der Löwenmensch, wieder rund 20 Jahre später, im neu eingerichteten Museum in computertomographisch überarbeiteter und wohl endgültiger Fassung in der Vitrine, 29,6 Zentimeter hoch, 5,6 Zentimeter breit, 5,9 Zentimeter dick, um die 32 000 Jahre alt.

Wer auf den Schauder des Authentischen und Einmaligen verzichtet, kann das Ulmer Original in vier praktisch absolut gleichen

Kopien aber auch anderswo besichtigen: im Museum Schloss Hohentübingen, im Neanderthal-Museum in Mettmann, im Naturhistorischen Museum Basel (Schweiz) und im American Museum of Natural History, New York, USA.

Um diesen Löwenmenschen herum ist nun, leicht übertrieben, das restliche Vorzeitmuseum gebaut. Versteht sich, dass der Löwenmensch in einem viel zu großen Glaskasten ganz allein in der Mitte eines Raumes steht, dass die Wände nur Höhlenwände wiedergeben und dass die übrigen gefundenen Figuren bescheiden in Guckkästen am Rand zu sehen sind, sehr geschmackvoll und modern gemacht, aber eben nur am Rand und nicht jede Figur für sich. (Dass das nur Kopien der in Tübingen ausgestellten Originale sind, ist dezent weggelassen.) Dafür ist in anderen Räumen anderes echt: das kleine Babygerippe, die Zigarrenschachteln und all die Funde aus den Lonetalhöhlen, vom obligaten Steinbeil, von Steinmessern, über das Knochengewirr aus dem »Stadel« bis hin zu durchbohrten Schmucksteinen, riesigen

Im Zimmer nebenan die Zigarrenkiste, in der er vorher 30 Jahre unerkannt und in 200 Splitter zerfallen zugebracht hat.

Mammutknochen, Bärenschädeln und erster unbeholfener Keramik.

Im Ganzen ein sehr modern, geschmackvoll und gut benutzbar hergerichtetes Regionalmuseum, das man vor allem wegen der »Steinzeitkunst« aufsucht.

Gut zu wissen:

Ulmer Museum, Marktplatz 9 (am Rathaus), 89073 Ulm, Telefon (0731) 161-4300, Fax (0731) 161-1626, E-Mail: info@ulmer-museum.ulm.de, Internet: www.museum.ulm.de

Öffnungszeiten: ganzjährig Dienstag bis Sonntag 11 bis 17 Uhr.

Eintrittspreise: Erwachsene 3 Euro, ermäßigt 2 Euro, Kinder unter 14 Jahren frei, Familienkarte 4 Euro. Für Schulklassen gelten Sonderbedingungen.

Stuttgart
Steinzeit im Überblick – das Landesmuseum Württemberg

Wie es sich für ein Landemuseum gehört, bietet das Alte Schloss in Stuttgart auch für die »Vorzeit« eine ziemlich umfassende und gut bestückte Schau aus allen Teilen des Landes quer durch die Zeit und quer durch die einzelnen Gebiete. Vom Steinkeil bis zu den ersten metallenen Speerspitzen, vom Steinnapf bis zur Keramik – eine fast lückenlose Präsentation von 300 000 Jahren Steinzeit, die das Museum seit dem 19. Jahrhundert gesammelt hat.

Es beginnt mit den 300 000 Jahre alten Jagdlagern bei Stuttgart-Bad Cannstatt, geht weiter mit dem Gräberfeld der bandkeramischen Kultur beim Viesenhauser Hof in Stuttgart-Mühlhausen und den ältesten Hauspferden in Südwestdeutschland am Federsee vor 5700 Jahren bis hin zum Bestattungsplatz in Tauberbischofsheim-Dittingen am Ende der Jungsteinzeit, also vor etwa 4600 Jahren. Natürlich wird keiner das alles systematisch sehen wollen, es zeigt aber die Spanne des Gebotenen.

Man sieht genug und übergenug, wenn man sich von diesen oder jenen Schautafeln und Erklärtexten an die Vitrinen locken lässt oder von der Sammlung manchmal fast fußballgroßer Feuersteine, die da verstreut auf dem Boden liegt, von dem nachgebauten Zelt aus Tierpelzen für kalte Eiszeitperioden, von den Werkzeugen wie dem Steinbeil, das nach dem Zuschlagen mit der Klinge im Baumstamm steckt.

Eher passiert es einem, dass man an den wirklich einmaligen Funden vorbeiläuft, weil sie mit ihren zwei, drei Zentimetern Größe ja auch wirklich nicht sofort ins Auge fallen wie das 30 000 Jahre alte, in der Vogelherdhöhle im Lonetal gefundene Löwenköpfchen aus Mammutelfenbein, das zu den ältesten Zeugnissen menschlicher Kultur zählt, oder die Elfenbeinfiguren aus dem Geißenklösterle, das Mammut, der Bär, das Bison oder der »Adorant«, diese winzige Menschenfigur in anbetender Haltung.

Gut zu wissen:

Landesmuseum Württemberg im Alten Schloss, Schillerplatz 6, 70173 Stuttgart, Telefon (0711) 279-3498, Fax (0711) 279-3492, E-Mail: info@landesmuseum-stuttgart.de, Internet: www.landesmuseum-stuttgart.de

Öffnungszeiten: Dienstag bis Sonntag 10 bis 17 Uhr. Eintrittspreise: Erwachsene 3 Euro, ermäßigt 2 Euro, Gruppen und Schulen haben eigene Tarife.

Die nachgestellte Szene (oben) im Stuttgarter Landesmuseum erinnert an die Eiszeit zu Beginn, das Skelett an die Beerdigungsbräuche der zu Ende gehenden Steinzeit.

Tübingen
Klein aber fein – Museum Schloss Hohentübingen

Das erst im Mai 1997 eröffnete Museum Schloss Hohentübingen bietet, wie man da so schön sagt (und hier tatsächlich auch liest), »Schätze aus rund 30 000 Jahren« und ermöglicht »einen faszinierenden Spaziergang durch das gesamte Spektrum menschlichen Kunstschaffens«, da die Museumskonzeption »neue museumspädagogische und didaktische Erkenntnisse beinhaltet«.

Das steinzeitliche Kunstschaffen lässt sich freilich, von der Keramik abgesehen, leicht in einem Schuhkarton unterbringen. Doch was man zu sehen kriegt, ist klein, aber fein. Hier sieht man vor allem die Knochenschnitzereien aus der Vogelherdhöhle im Lonetal, in der Tat steinalt und einmalig. Auch wenn man sie auf Postkarten unten am Stand größer und besser sieht – diesen kaum fingerlangen, mehr als tausend Generationen alten Tierfiguren im Original gegenüberzustehen, ist etwas, was man sich einmal bewusst machen muss. Das haben Menschen mit einfachsten Mitteln hergestellt und mit einem Formgefühl, das man ihnen so gar nicht zugetraut hätte. (Der ausgestellte Löwenmensch ist dabei allerdings nur eine der vier vom Museum Ulm autorisierten Kopien.)

Der Reiz dieses Museums: In einer Nische des gleichen Raums steht man unvermutet in einer der berühmten südfranzösischen Bilderhöhlen, sieht Stiere um sich, große, kleine, in wechselnden Farben und alle echt nachgemacht wie im Original. Ein Vergleich, den die Wirklichkeit sonst nicht bietet.

Bearbeitete Knochenpfeile und Angelhaken jeder Größe und Form, ein Kasten mit echten Tierknochen und Zähnen – darunter zwanzig Zentimeter lange Mammutbackenzähne und ähnlich beängstigende Geräte anderer Tiere – erinnern an eine durchaus nicht filigrane Umgebung jener Jahre.

Schließlich, in einem anderen Raum, Keramik, also Töpfe, Schüsseln und Gefäße vom Ausgang der Steinzeit, als Rulaman und seine Horden längst zu Bauern geworden waren und fast schon die historische Zeit begann. Die Kelten und die alten Griechen geben dann den Stab weiter – gut zu

Nicht nur auf dem Gebiet der steinzeitlichen Tierwelt bietet das Tübinger Museum einen guten Überblick für Jung und Alt.

Kaum fingerlang sind die Steinzeitfiguren aus Elfenbein.

vergleichen und zu sehen, aber fast schon zu viel.

Gut zu wissen:

Museum Schloss Hohentübingen, Burgsteige 11, 72070 Tübingen, Telefon (07071) 297-7384, Fax (07071) 295659, E-Mail: museum@uni-tuebingen.de, Internet: www.uni-tuebingen.de/museum-schloss

Öffnungszeiten: 1. Mai bis 30. September, Mittwoch bis Sonntag 10 bis 18 Uhr; 1. Oktober bis 30. April, Mittwoch bis Sonntag 10 bis 17 Uhr.

Eintrittspreise: Erwachsene 3 Euro, es gibt Ermäßigungen. Führungen (und Sonderführungen für Schulklassen) nach telefonischer Anmeldung.

Suchanleitung:

Da der Zugang zum Schloss innerhalb der Stadt geheim gehalten wird, ein Tipp: Das einzige Schild, das zum Schloss weist, befindet sich an der steilen Straße, die links vom Rathaus am Marktplatz neben einem Geschäft namens »Silberburg« (nicht der Verlag) bergwärts führt. Die nächste Gelegenheit rechts geht hinauf zum Schloss.

Kommt man von jenseits des Neckars, bietet sich, bei einigem Glück, die Gegend um Uhlandstraße und Derendinger Allee zum Parken an; die findet sogar ein Navigator. Von da die Neckarhalde zu Fuß hoch, an Uhlands Geburtshaus vorbei, bei Schild links zum Schloss hoch. Achtung: keine Parkplätze in unmittelbarer Nähe des Schlosses.

Steinheim
*Die schwäbische Eva –
das Urmensch-Museum*

Es ist seltsam. Den Neandertaler kennt jeder, man kennt auch den Homo heidelbergensis, auch wenn er nur ein Unterkiefer ist. Den 250 000 Jahre alten »Homo steinheimensis« aber kennen die wenigsten, obwohl man da umgekehrt fast den ganzen Gesichtsschädel ohne Unterkiefer hat. Vielleicht liegt es ja daran, dass man ihn »erst« 1933 gefunden hat, also vor »kaum« 75 Jahren, vielleicht auch daran, dass er keine entwicklungsträchtigen Eckdaten setzt, sondern »nur« eine Etappe auf dem Weg zum Neandertaler ist.

Vielleicht aber liegt es auch an dem Deutungswirrwar der Gelehrten. So teilt die Uni Frankfurt mit, der Schädel sei 400 000 Jahre alt, während die Uni Stuttgart zur gleichen Zeit nur 250 000 bietet. Dann wird einem wahlweise der Homo steinheimensis als Mann oder als etwa 25-jährige Frau angeboten. Als Mann wurde er im Kampf erschlagen. Der Frau, einer Schamanin, hat man ein Loch in den Schädel geschlagen, um aus religiösen Gründen ihr Gehirn verspeisen zu können oder, das Neueste, weil sie nachweislich einen Tumor hatte und das Loch im Kopf eine Operation darstellt.

Oder es liegt daran, dass sich die Stuttgarter Künstlerin Sybille Fricke im Jahr 2002 ohne jede sachliche Grundlage ausdachte, wie wohl Homo heidelbergensis, der badische Adam, und Homo steinheimensis, die schwäbische Eva, ausgesehen haben könnten. Daraufhin der selbst steinalte Hamburger Paläontologe Ulrich Lehmann allen Ernstes über den tatsächlichen Charakterzug der Steinzeitfrau: »Der grüblerische, Beobachten wie Nachdenken reflektierende Gesichtsausdruck erschließt eine hohe geistige Regsamkeit, welche die nach ihrem Fundort in Steinheim an der Murr

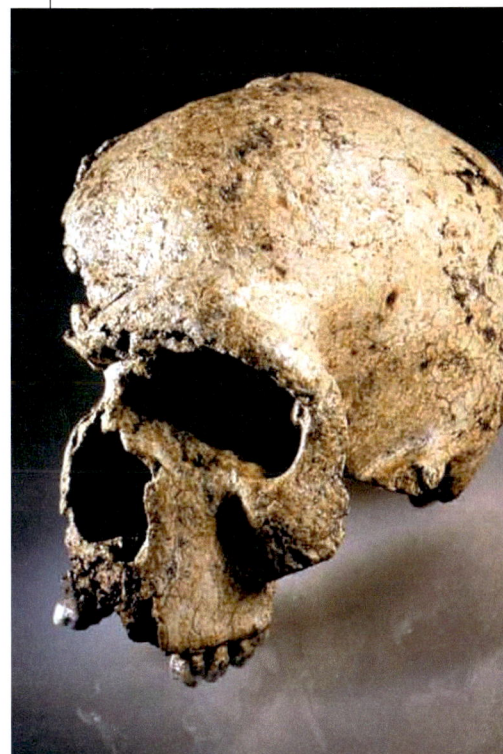

Das weiß man: Mindestens 250 000 Jahre alt ist der »Homo steinheimensis«. Aber ob Mann oder Frau, ob schwäbische Eva oder schwäbischer Adam, das weiß man nicht.

ansprechbare Frau mit Fug und Recht in die Gattung Homo einbeschließen lässt.«

Nach einem entsprechenden Porträt des badischen Adam erkennt der Gelehrte sogar scharfsinnig aus dem Unterkiefer des Homo heidelbergensis: »Man blickt in das Gesicht eines im Grunde seines Wesens gutmütigen und umgänglichen Mannes von einer fast prahlerischen, aber fröhlichen Grundhaltung; geistig und seelisch war er bereits weit entwickelt. Tatkräftig und zielstrebig handelnd war er hellwach den Anforderungen des Diesseits zugewandt; dennoch aber vermochte er den Blick vom tagtäglichen Geschehen zu erheben und, sein Leben überdenkend, nach dem Sinn des Seins zu suchen, sich jenseitigen Welten zu öffnen.«

So vorbereitet und abgeschreckt schlage ich vor, das kleine, aber liebenwerte Urmensch-Museum in Steinheim an der Murr aufzusuchen und sich selbst ein Bild von dem zu machen, was wirklich zu sehen ist. Da kann man sich dann informieren, wann, wo, wie und in welch metertiefen Sandschotterschichten der bisher einzige in Stücken erhaltene älteste schwäbische Vorfahre zusammen mit einem riesigen Waldelefanten die Jahrtausende überdauert hat.

Das ist schon eine kleine Wallfahrt wert, sich die beiden in dem alten umgebauten

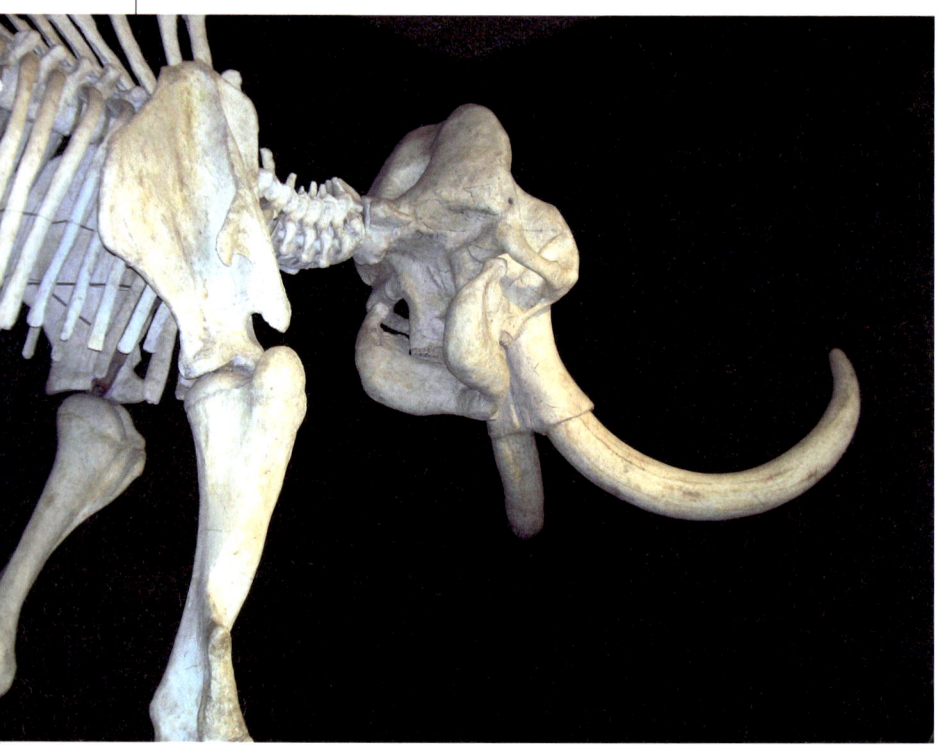

Für dieses Mammut musste das Steinheimer Museum eigens den Fußboden tiefer legen, damit er ins Zimmer passte.

Schulgebäude anzusehen. Zumindest kommt man so billig kaum wieder in ein Museum. Kein Wunder. Das Urmensch-Museum zeigt außer Fotos und fantasievollen Nachzeichnungen kein einziges Originalstück eines Urmenschen – keinen Faustkeil, keine Speerspitze, keine Axt, keinen Knochen, absolut nichts. Das Einzige, was man sieht, ist der hier gefundene Schädel des Homo steinheimensis. Aber auch der ist nur eine Kopie, das kostbare Original ist in Stuttgart.

Auch der über vier Meter große Waldelefant, ein einmaliges ausgesuchtes Prachtstück aus dem Steinheimer Boden, ist nur eine Nachbildung, denn das einst vollständig erhaltene Original ist in den Kriegswirren trotz aller Schutzmaßnamen zum großen Teil zerstört worden.

Warum also umständlich in ein Museum fahren, das nur Nachbildungen zeigt? Die Antwort ist verblüffend einfach, wenn auch desillusionierend: Das macht überhaupt nichts. Heute kann man Duplikate herstellen, die auf den ersten Blick nicht vom Original zu unterscheiden sind. Ich werde es nie vergessen, als ich als kleiner Student bei einer Exkursion mit meinen Kommilitonen im Museum andächtig vor einer Panzerglasvitrine stand und die Originale einer berühmten Handschrift bewunderte. Doch der Museumsdirektor störte unsere Andacht mit dem Satz: »Sie glauben doch nicht im Ernst, dass das die Originale sind …« Faksimile macht's möglich.

Genießen wir also, was wir sehen – und das kann ich wirklich empfehlen. Neben einem vier Meter hohen Waldelefanten zu stehen, wo allein schon der Oberschenkel so groß ist wie man selbst, passiert einem nicht alle Tage. Und dann den unglaublichen – diesmal originalen – armlangen Backenzahn und den endlosen Stoßzahne eines solches Elefanten oder die riesigen Schaufeln eines Waldhirsches und die massigen Schädel anderer Spezies …

Und damit dann den zarten Schädel des Homo steinheimensis vergleichen und sich vorstellen, was sich da über Jahrentausende hin als Jäger und Jagdwild gegenüber stand, wie die Menschen damals ohne »Haustiere« überlebten und überleben mussten – das wäre Tarzan gegen Dinos …

Mit anderen Worten: das Urmensch-Museum illustriert, auch wenn die Texte selbst beklagenswert professoral und abstrakt formuliert sind, einen neuen und lohnenden Aspekt.

Gut zu wissen:

Urmensch-Museum, Kirchplatz 4 (Hans-Trautwein-Haus), 71711 Steinheim an der Murr, Telefon (0 71 44) 2 12 26, Internet: www.stadt-steinheim.de/urmensch

Öffnungszeiten: Dienstag bis Donnerstag und Sonntag 10 bis 12 und 14 bis 16 Uhr, Freitag, Samstag und feiertags 14 bis 16 Uhr (Sommerhalbjahr bis 17 Uhr), montags geschlossen.

Eintrittspreise: Erwachsene 2 Euro, ermäßigt 1 Euro, Gruppen ab 15 Personen: Erwachsene 1,50 Euro, ermäßigt 0,75 Euro; Sonderführungen (40 Euro für Gruppen von 25 Personen) nach Voranmeldung bei Heimatpfleger H. Dietl, Telefon (0 71 44) 20 79 58.

Suchanleitung:

Von der A 81, Ausfahrt Pleidelsheim, weiter über die L 110 nach Steinheim. Das Museum ist im Ort ausgeschildert, Parkplätze nahebei.

Steinzeit in Zahlen

Die Einteilung in Steinzeit, Bronzezeit und Eisenzeit verdanken wir dem dänischen Kaufmann und Amateurforscher Christian Jürgensen Thomsen (1788 bis 1865), der 1816 im Alter von nur 28 Jahren zum Leiter der Altnordischen Sammlung des Nationalmuseums in Kopenhagen ernannt worden war. Bei einer Neuordnung der Sammlung erkannte er, dass sich die Funde nach bestimmten Materialen wie Stein, Bronze und Eisen gliedern und damit auch chronologisch ordnen ließen. Er ist damit der Begründer des so genannten Dreiperiodensystems, das er 1836 ausführlich in einem »Leitfaden zur nordischen Altertumskunde« erläuterte. Sein System wurde in der Folge von der Archäologie in ganz Europa übernommen und gilt in seinen Grundzügen bis heute. (Ursprünglich hatte man zum Beispiel das Neolithikum, also die Jungsteinzeit, auch als Kupferzeit bezeichnet.)

Altsteinzeit

20 000 vor Christus
Maximale Vereisung Süddeutschlands während der letzten Eiszeit, Gletscher bis Federsee, Endmoräne bei Schussenried.

14 000 bis 10 000 vor Christus
Rentierjäger an der Schussenquelle

Mittlere Steinzeit

9599 bis 5500 vor Christus
Jäger und Sammler der mittleren Steinzeit am Federsee

5700 vor Christus
erste Bauern

Jungsteinzeit

4500 vor Christus
Erste jungsteinzeitliche Siedlungen am Federsee

Bronzezeit

2200 bis 1500 vor Christus
Frühe Bronzezeit

1500 bis 1200 vor Christus
Mittlere Bronzezeit
1200 bis 850 vor Christus
Späte Bronzezeit, Urnenfelder-Kultur

Eisenzeit

850 bis 450 vor Christus
Hallstatt-Kultur

450 vor Christus bis 1. Jahrhundert nach Christus
La-Tène-Kultur

Steinzeitliteratur

Appleton, T. |
Warum verschwanden die Neandertaler?
Die Geschichte der Urmenschen
München 1999

Auffermann, Bärbel/Orschied, Jörg |
Die Neandertaler.
Auf dem Weg zum modernen Menschen
Stuttgart 2006

Badisches Landesmuseum Karlsruhe (Hrsg.) |
Die ältesten Monumente der Menschheit.
Vor 12 000 Jahren in Anatolien
Stuttgart 2007

Bick, Almut |
Die Steinzeit.
Stuttgart 2006

Binder, Hans |
Höhlenführer Schwäbische Alb.
Höhlen, Quellen, Wasserfälle
Stuttgart 1989

Bolus, Michael/Schmitz, Ralf |
Der Neandertaler.
Ostfildern 2006

Chauvet, Jean-Marie u. a. |
Grotte Chauvet.
Altsteinzeitliche Höhlenkunst
im Tal der Ardèche
Sigmaringen 1997

Clottes, Jean u. a. |
Schamanen.
Trance und Magie in
der Höhlenkunst der Steinzeit
Sigmaringen 1997

Eggers, Hans Jürgen |
Einführung in die Vorgeschichte.
München 1986

Eliade, Mircea |
Geschichte der religiösen Ideen.
Band I: Von der Steinzeit zu den
Mysterien von Eleusis
Freiburg im Breisgau 1978

Facchini, Fiorenzo |
Die Ursprünge der Menschheit.
Stuttgart 2006

Grand-Chastel, Paul Marie |
Die Kunst der Vorzeit.
Stuttgart 1968

Hoffmann, Emil |
Lexikon der Steinzeit.
München 1999

Husemann, Dirk |
Die Neandertaler.
Genies der Eiszeit
Frankfurt am Main 2005

Jelinek, Jan |
Das große Bilderlexikon des Menschen in der Vorzeit.
München 1972

Keefer, Erwin |
Rentierjäger und Pfahlbauern.
14 000 Jahr Leben am Federsee
Stuttgart 1996

Keefer, Erwin |
Steinzeit.
Herausgegeben vom
Württembergischen Landesmuseum
Stuttgart 1993

Korn, Wolfgang |
Megalithkulturen.
Rätselhafte Monumente der Steinzeit
Stuttgart 2005

Kuckenburg, Martin |
Der Neandertaler.
Auf den Spuren des ersten Europäers
Stuttgart 2005

Kuckenburg, Martin |
Vom Steinzeitlager zur Keltenstadt.
Siedlungen der Vorgeschichte
in Deutschland
Stuttgart 2000

Leakey, Richard |
Die ersten Spuren.
Über den Ursprung des Menschen
München 1999

Leakey, Richard/Lewin, Roger |
Wie der Mensch zum Menschen wurde.
Hamburg 2000

Lissner, Ivar |
So lebten die Völker der Urzeit.
München 1985

Lorblanchet, Michael |
Höhlenmalerei.
Ein Handbuch
Sigmaringen 1997

Müller-Beck, Hansjürgen (Hrsg.) |
Urgeschichte in Baden-Württemberg.
Stuttgart 1983

Paturi, Felix |
Zeugen der Vorzeit.
Auf den Spuren europäischer
Vergangenheit
Frankfurt 1978

Probst, Ernst |
Deutschland in der Urzeit.
Von der Entstehung des Lebens
bis zum Ende der Eiszeit
München 1999

Reichholf, Josef |
Das Rätsel der Menschwerdung.
Die Entstehung des Menschen
im Wechselspiel mit der Natur
Stuttgart 1990

Reinhardt, Brigitte |
Der Löwenmensch.
Tier und Mensch in der Kunst der Eiszeit
Katalog Ulmer Museum
Sigmaringen 1994

Rietschel, Gerhard |
Lascaux.
Höhle der Eiszeit
Herausgegeben vom Roemer- und
Pelizaeus-Museum Hildesheim
Mainz 1982

Schlichtherle, Helmut (Hrsg.) |
Pfahlbauten rund um die Alpen.
Archäologie in Deutschland, Sonderheft
Stuttgart 1997

Schmitz, Ralf/Thissen, Jürgen |
Neandertal.
Die Geschichte geht weiter.
Heidelberg 2000

Schrenk, Friedemann |
Die Frühzeit des Menschen.
München 2003

Schrenk, Friedemann/Müller, Stephanie |
Die Neandertaler.
München 2005

Seeberger, Friedrich |
Steinzeit selbst erleben!
Waffen, Schmuck und Instrumente –
nachgebaut und ausprobiert
Stuttgart 2002

Tattersall, Ian |
Neandertaler.
Der Streit um unsere Ahnen
Basel/Berlin 1999

Wagner, Eberhard |
Eiszeitjäger im Blaubeurer Tal.
Führer zu archäologischen Denkmälern
in Baden-Württemberg Band 6
Stuttgart 1979

Weber, Peter |
Der domestizierte Affe.
Die Evolution des menschlichen Gehirns
Düsseldorf/Zürich 2005

Weinland, David Friedrich |
Rulaman.
Erzählungen aus der Zeit
des Höhlenmenschen
Stuttgart 2005

Register

Abri *37, 80*
Adorant *151, 167*
Afrika *14–28, 30, 32–35, 48, 57, 86, 96, 104, 107, 110, 178*
Ägypten *76, 104*
Altamira *77, 80*
Anatolien *84, 110f.*
Ardipithecus ramidus *19f.*
Ardipithecus ramidus kadabba *19*
Auerochs *51f., 78*
Augenbrauenwülste *29, 163*
Australopithecus *23, 25, 64*
Australopithecus afarensis *20f.*
Australopithecus africanus *22, 24*
Australopithecus anamensis *20*
Axt *39, 70, 99, 125, 173*
Bachritterburg Kanzach *160f.*
Backofen *102f.*
Bad Buchau *116, 158–161*
Bärenhöhle *136f.*
Basalt *65*
Beagle, Forschungsschiff *10f.*
Beerdigungsriten *99*
Beil *41–43, 55, 57, 68f., 166f.*
Birkenpech *50, 68f.*
Bison *51f., 76, 87, 89, 92, 167*
Blaubeuren *58, 77, 86, 89, 133, 144–146, 148, 150f., 162–164*
Bocksteinhöhle *140f.*
Bocksteinschmiede *140f.*
Bogen *39, 42, 50, 57, 70, 123, 159*
Boucher de Perthes, Jacques *8–10*
Brillenhöhle *144, 146, 149*
Bronzezeit *63, 99, 117–119, 121, 123, 125, 155, 159, 174*
Catal Höyük *110*
Childe, Vere Gordon *97*
Coppens, Yves *20*
Cuvier, Georges Baron de *8, 13*
Dart, Raymond *23f.*
Darwin, Charles *10–13, 23, 29, 33, 137*
Darwinfinken *12*
Dendrochronologie *113*
Eisenzeit *63, 73, 117–119, 174*
Eiszeit *31–33, 37, 53, 75–77, 96f., 109, 153, 155, 159, 167, 174*
Elch *51, 137*
Elefant *9, 50f., 152, 172f.*
Elfenbein *82f., 86–89, 134, 139, 144, 150f., 165, 167*
Emmer *120f.*
Eoanthropus dawsoni *23f.*
Faden *44, 63, 145*
Fälschung *23, 76f., 95*
Faustkeil *9, 25, 44, 65f., 68f., 107, 119, 173*
Federseemuseum *159–161*
Fell *31, 33f., 40, 42, 44, 48, 53, 55, 59f., 62f., 67, 72, 79, 90, 107, 109, 119*
Felltöpfe *58f.*
Feuerstein *39, 41, 43f., 56, 65f., 70, 80, 87, 98, 107, 109, 123, 159, 167*
Fisch *43, 78, 114f., 121*
Flintstein *43, 66, 69*
Fraas, Oscar *137*
Fruchtbarkeit *81–84, 92, 98*
Fruchtbarkeitszauber *82, 90, 92, 94*
Fuhlrott, Johann Carl *14f., 17*
Galapagos-Inseln *10, 12f.*
Gehirnvolumen *22–24, 26, 33*
Geißenklösterle *58, 77, 86, 89, 144, 150, 167*
Gerste *101, 121*
Glockenbecherzeit *125*
Grimal, Pièrre *94*
Große Grotte *6, 144, 146, 149*
Grotte *17, 39f., 74f., 80, 145f., 175*
Hallstattkultur *119, 155, 174*
Hammer *67–69, 80, 111*
Herodot *58*
Heubach *153, 156*
Hirsch *51f., 74, 78, 93, 101, 108, 120, 137, 173*
Höhle *8, 14, 16, 31, 37, 39f., 43f., 57, 74, 76–80, 82f., 86–89, 93, 100, 106, 126, 128, 132–134, 136f., 139–141, 144–146, 148f., 151f., 164f., 176*

Höhlenmalerei *31, 77, 81f., 84, 90, 92, 95, 176*
Höhlenmensch *7, 37, 84, 176*
Hohlenstein *86, 88f., 136, 139f., 164*
Hohler Fels *82f., 89, 151*
Hominiden *18f., 25*
Homo erectus *20, 24–27, 50, 57, 62*
Homo ergaster *20*
Homo habilis *24f.*
Homo heidelbergensis *26, 171f.*
Homo rudolphensis *163*
Homo sapiens *22, 24f., 27f., 30, 32, 44, 74, 86, 112*
Homo sapiens sapiens *29, 58, 163*
Homo steinheimensis *171, 173*
Hülsenfrüchte *100f., 121*
Hütte *25, 32, 57, 106–116, 119–125, 132, 141, 156, 159*
Indianer *92, 115, 120, 127*
Jagd *8, 31, 35, 44, 48–53, 60, 70, 76, 78, 81f., 90, 92, 94, 97f., 100, 102, 104, 108, 152, 155, 167, 173*
Jagdbeute *50, 102, 104, 152*
Jagdzauber *92, 94*
Jäger und Sammler *47–54, 98, 116, 174*
Jaspis *65f.*
Johanson, Donald C. *20f.*
Jungsteinzeit *37, 49, 53, 98, 111, 119, 121, 123, 137, 148, 160, 167, 174*
Kalktuff *65*
Kasachstan *104*
Keller, Ferdinand *112, 117*
Keramik *63, 68, 99, 110–112, 119, 123, 125, 167, 169*
Klima *13, 30–32, 34, 54, 97, 110f., 116*
Körpergröße *19, 22, 121*
Krankheit *17, 43, 53, 121*
Kunst *7, 18, 34, 44, 56, 68, 74–80, 82–84, 86f., 90, 92, 95f., 110, 126, 133f., 139f., 151, 164, 167, 169, 175*
Kupferzeit *123, 147*
Laktose *105*
Landesmuseum Württemberg *167*
Lascaux *79f., 95, 176*
Lebenserwartung *54, 121*
Leder *42–44, 63, 101f., 119f., 123*
Lein *121*
Lendenschurz *120*
Lonetal *86f., 89, 132f., 136, 141, 144, 151, 164–167, 169*
Lourdes *75*

Löwenmensch *31, 82f., 86, 88–90, 93, 126, 132, 136, 139, 151, 164–166, 169, 176*
Lucy *20–22, 33*
Magie *74, 90f., 94, 175*
Mammut *9, 39, 53, 72, 76, 78, 83, 86–89, 97, 107–109, 132, 134, 137, 139, 150, 155, 164f., 167, 169*
Märchen *17, 48, 91f.*
Menschenaffe *18, 23, 33*
Messer *64, 67–69, 123, 159, 166*
Milch *105*
Mohn *87, 121*
Mühle *102*
Museum Schloss Hohentübingen *166, 169f.*
Mythen *92, 94*
Nadel *41, 63, 123*
Naher Osten *97f.*
Nahrung *30, 32, 47, 52, 97, 104f., 116*
Nashorn *9, 51, 78, 108, 137*
Neandertaler *8, 13–20, 22–29, 31f., 49–52, 54, 57f., 69, 77, 84, 86, 89, 91f., 96, 107–109, 119, 140, 146, 162, 171, 175f.*
Neolithikum *62, 98f., 111, 117f., 123, 174*
Neolithische Revolution *82, 97–100, 103, 109–111, 119, 123*
Nomade *28, 32, 47, 97, 106–110, 112–116, 119–125*
Nordafrika *104*
Nüsse *39, 47, 60, 121*
Obsidian *65*
Orrorin *19f.*
Ötzi *20, 63, 70, 72, 90, 120f., 123*
Pfahlbau *62, 102, 106–126, 155f., 158, 175f.*
Pfahlbaudorf *114, 123, 155, 158*
Pfeil *42, 44, 49f., 68, 70, 72, 81, 92, 123, 159, 169*
Pferd *14, 33, 39, 43, 50–52, 76, 78, 86f., 89, 102, 104, 108f., 134, 137, 148, 151, 176*
Pflanzliche Nahrung *104f.*
Pflege *53*
Piltdown-Mensch *23*
Pithecanthropus *25, 74*
Plastik *29, 31, 64, 81f., 86–89, 134*
Quarz *65f., 69, 109*
Rad *7, 72f.*
Ramapithecus *18f.*
Riek, Gustav *87, 134*

Rosensteinhöhlen *153, 155*
Rulaman *8–13, 18, 32, 37, 44, 57f., 60, 62, 70, 102, 106, 115, 126, 128, 134, 140, 149, 153, 155, 157, 169, 176*
Rundhütte *107, 110*
Sahelanthropus tschadensis *19*
Sandstein *65*
Schädel *7f., 15–17, 20, 22f., 25f., 29, 39, 53, 64, 74, 89, 103, 121, 137, 163, 167, 171, 173*
Schädeloperation *53, 121*
Schiller, Friedrich *8, 58, 132*
Schillerhöhle *37, 128f., 132*
Schnurkeramik *99, 119, 125*
Schwäbische Alb *7, 31f., 86, 133, 137, 151, 164, 175*
Sesshafte *53, 60, 62, 97f., 102, 106–116, 119–125*
Siedlung *28, 37, 52, 62, 68, 78, 98f., 108–110, 112, 117, 126, 140, 155f., 174, 176*
Sirgensteinhöhle *144, 148f., 151*
Skulptur *98*
Speer *42, 49–51, 68, 70, 92, 123, 146, 159, 167, 173*
Stangenschleife *72*
Steinheim an der Murr *171–173*
Steinzeitbehausung *107*
Steinzeitmensch *62f., 70, 82, 84, 102, 115, 120, 129, 149, 157*
Stratigraphische Methode *9*
Stuttgart-Bad Cannstatt *167*
Stuttgart-Mühlhausen *167*
Tansania *21, 25, 107*
Tauberbischofsheim-Dittingen *167*
Tierhaut *59f.*
Tierische Nahrung *52*
Tod *17, 53f., 74, 87, 97, 121*
Tontopf *58, 123f.*
Töpferscheibe *123*
Totemismus *92*
Trichterbecherkultur *99, 124*
Tübingen *87f., 127, 134, 166, 169f.*
Tulkahöhle *37, 40, 128f.*
Ulm *89, 133, 137, 144, 164f., 167*
Ulmer Museum *139, 164f., 167*
Unteruhldingen *117f., 156, 159*
Urgeschichtliches Museum *146, 149, 162, 164*
Urmensch-Museum *139, 164f., 167, 176*
Urnenfelderkultur *119*

Venezuela *112*
Venus *76, 82f., 92, 126, 160*
Virchow, Rudolf *17*
Vorratswirtschaft *60, 62, 102*
Wärmeperiode *31, 109*
Weinland, David Friedrich *8, 13, 18, 37, 44, 115, 126–128, 176*
Weizen *101, 121*
Wisent *51f., 78, 80, 108, 134, 150*
Woodward, Arthur Smith *23*
Worringer, Wilhelm *95f.*
Zauber *73, 82, 90–94*
Ziegenfell *119f.*
Zürichsee *112, 117f.*

Bildnachweis:

Johannes Lehmann
S. 26, 28, 56, 84, 104, 110, 113, 124, 127, 156, 157, 158, 159, 160, 165, 166, 168 oben, 168 unten, 172

Rainer Fieselmann
Vorderes Vorsatzblatt, S. 35, 46, 51, 52, 54, 59, 61, 63, 69, 73, 86, 87, 89, 101, 106, 108, 114, 115, 116, 120, 129, 130/131, 133, 134, 135 oben, 135 unten, 136, 137, 138, 140, 141, 142/143, 144, 145, 147, 148 links, 148 rechts, 149, 150, 152, 153, 154, 155, 161, 162, 163, 169, 170

Archiv Silberburg-Verlag
S. 2, 9, 11, 15, 16, 19, 21, 24, 27, 29, 31, 36, 38, 41, 42, 45, 47, 49, 65, 66, 71 oben, 71 unten, 75, 79, 81, 85, 93, 94, 103, 119, 122, 171

Maria Lehmann
S. 7

Silberburg-Verlag
Hinteres Vorsatzblatt

© Ulmer Museum (Foto: Thomas Stephan)
S. 83

© Universität Tübingen (Foto: H. Jensen)
S. 88

LEHMANN & CO.

Teutates & Konsorten

Reise zu den Kelten in Südwestdeutschland

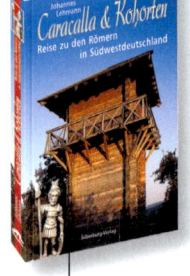

Der Bestsellerautor Johannes Lehmann nimmt den Leser mit auf eine Reise zu den wichtigsten Keltenstätten in Baden-Württemberg. Anhand der archäologischen Zeugnisse beschreibt er anschaulich, wie die Kelten aussahen und wie sie lebten. Das Buch ist ein unterhaltsamer Reiseführer und ein kleines Nachschlagewerk zugleich.

180 Seiten, 103 Farbabbildungen, fester Einband.
ISBN 978-3-87407-693-7

Caracalla & Kohorten

Reise zu den Römern in Südwestdeutschland

Wie die Römer vor fast 2000 Jahren in Südwestdeutschland gelebt und was sie hinterlassen haben, erzählt Johannes Lehmann in diesem Buch. Ein interessanter Reiseführer, ein kleines Nachschlagewerk, aber auch ein Buch, das man wie einen Roman lesen kann.

180 Seiten, 134 Farbabbildungen und farbige Karten, fester Einband.
ISBN 978-3-87407-578-7

Barbarossa & Co.

Reise zu den Staufern in Südwestdeutschland

Johannes Lehmann nimmt Sie mit auf eine Expedition quer durch die Geschichte des berühmten mittelalterlichen Herrschergeschlechts, aber auch quer durch das alte Herzogtum Schwaben: vom Hohenstaufen über Bad Wimpfen und Schwäbisch Hall zu den großen Kaiserstädten am Rhein und weiter bis ins Elsass.

160 Seiten, 115 Farbabbildungen, fester Einband.
ISBN 978-3-87407-506-0

In Ihrer Buchhandlung.

Silberburg·Verlag

www.silberburg.de

Reise ins steinzeitliche Südwestdeutschland

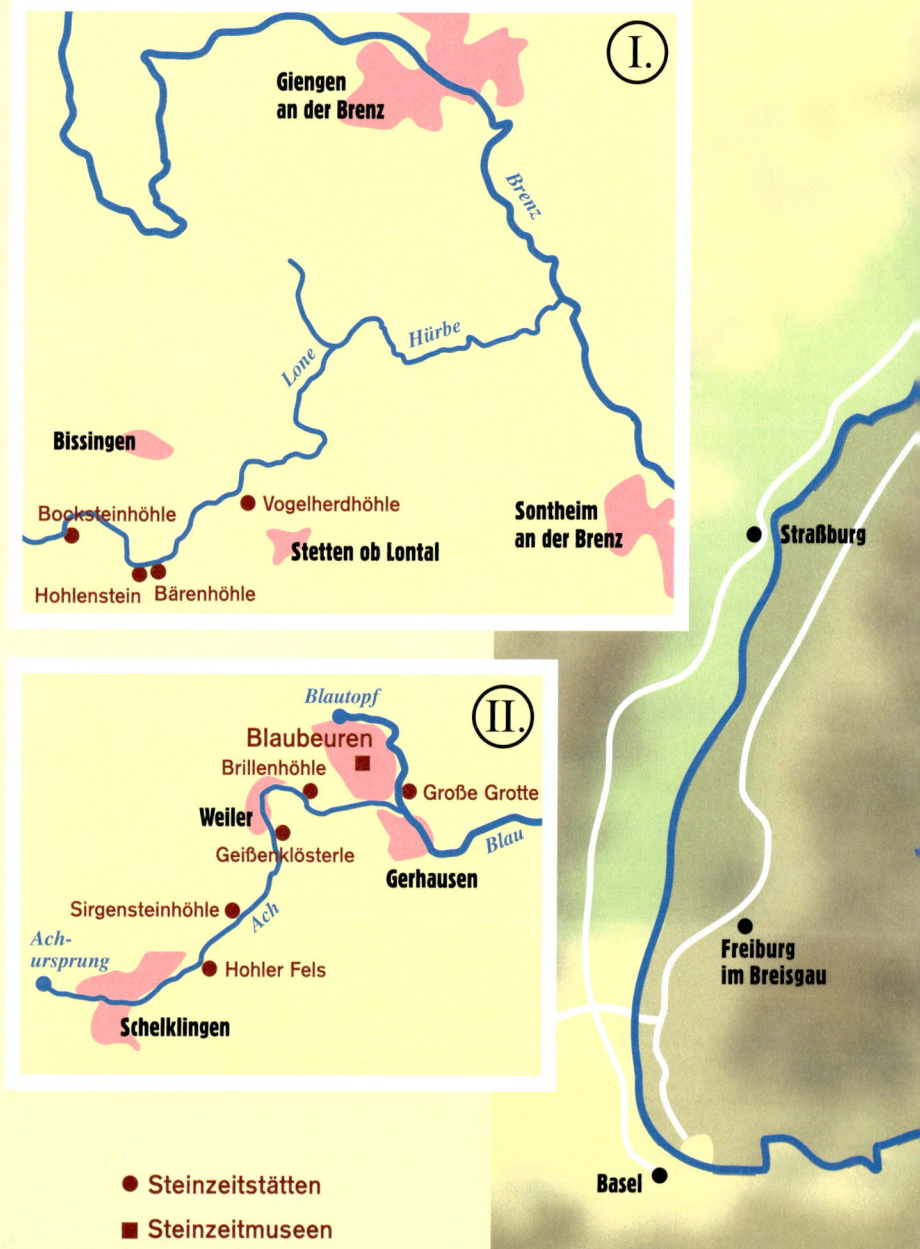